GTB
Gütersloher Taschenbücher
733

Muslimische Frauen in Deutschland erzählen über ihren Glauben

Herausgegeben vom Senator für Arbeit,
Frauen, Gesundheit, Jugend und Soziales
der Freien Hansestadt Bremen
und der Bremischen Evangelischen Kirche

Verfaßt von Frauke Biehl
und Sevim Kabak

Gütersloher Verlagshaus

Originalausgabe

Die Deutsche Bibliothek – CIP-Einheitsaufnahme

Muslimische Frauen in Deutschland erzählen über ihren Glauben /
hrsg. vom Senator für Arbeit, Frauen, Gesundheit, Jugend und Soziales
der Freien Hansestadt Bremen und der Bremischen Evangelischen Kirche.
Verf. von Frauke Biehl und Sevim Kabak. –
Gütersloh : Gütersloher Verl.-Haus, 1999
(Gütersloher Taschenbücher ; 733)
ISBN 3-579-00733-5

ISBN 3-579-00733-5

Umschlaggestaltung: INIT, Bielefeld, unter Verwendung
eines Fotos vom Thomas Rabsch, © F.A.Z.-Magazin,
Frankfurt am Main
Satz: Fotosetzerei Steggemann, Herford
Druck und Bindung: Clausen & Bosse, Leck
Gedruckt auf chlorfrei gebleichtem Werkdruckpapier

Printed in Germany

Inhalt

Interviews

Anhang

Vorwort

»Muslimische Frauen in Deutschland erzählen über ihren Glauben« – das ist keine Selbstverständlichkeit. Sie berichten aus diesem besonderen Blickwinkel heraus über ihre tatsächliche Situation zwischen den Kulturen, Traditionen und Religionen.
Entstanden ist dieses Buch auf der Basis einer Studie, die die Bremische Evangelische Kirche und der Senator für Frauen, Gesundheit, Jugend, Soziales und Umweltschutz 1996 in Auftrag gegeben haben. Die Studie selbst, aus der dieses Buch entstanden ist, umfaßt insgesamt 17 Interviews. Aus Platzgründen konnten leider davon nur 11 übernommen werden.
Die Autorinnen Sevim Kabak und Frauke Biehl interviewten zahlreiche muslimische Frauen mit ganz unterschiedlichen biografischen, sozialen und bildungsbezogenen Hintergründen. In diesen Interviews thematisieren muslimische Frauen ihre »Alltagsreligiosität«. Frauen kommen hier selbst zu Wort, statt daß über sie gesprochen wird – ein wichtiger Schritt zu einem gleichberechtigten Dialog der Geschlechter und Religionen.
Für die Herausgeber war es wichtig, die Religiosität der muslimischen Frauen in der ganzen Breite des im Islam vorhandenen Spektrums individueller Zugänge zum Glauben abzubilden. Diese beeindruckende Vielfalt steht gegen alle Versuche, den Islam als monolithischen radikalisierten Block zu beschreiben. Die Zeugnisse der Frauen in ihrer Offenheit und Individualität verlangen von den Leserinnen und Lesern ein Sich-Einlassen auf das jeweilige Interview und ein Hintanstellen der in der Öffentlichkeit häufig vermittelten Stereotype und Vorurteile. Dafür vermitteln sich den LeserInnen neue Einblicke in die religiöse Praxis muslimischer Frauen in der Migration. Aktuelle, zumeist heftig geführte Debatten um Kopftuchurteile, Schulsport und islamische Bedrohungen mögen nach der Lektüre dieses Buches vielleicht in einem anderen Licht gesehen werden.

Wer weiß, wieviel Arbeit die Konzeptionierung, Durchführung, Dokumentation und Übersetzung von Interviews bedeutet, kann den großen Arbeitsaufwand der beiden Autorinnen ermessen. Ihnen und allen beteiligten Frauen gilt unser herzlicher Dank. Wir danken auch der redaktionellen Begleitgruppe, Frau Zerrin Dalhoff, Herrn Dr. Matthias Güldner (beide Senator für Arbeit, Frauen, Gesundheit, Jugend und Soziales), Herrn Dr. Heinrich Kahlert und Frau Dr. Jutta Schmidt (beide Bremische Evangelische Kirche), die sich zwei Jahre lang intensiv für die Realisierung und den Erfolg dieser Arbeit eingesetzt haben.
Wir wünschen dem Buch eine weite Leser- und Leserinnenschaft und erhoffen uns, daß es über die Lektüre hinaus neugierig macht auf das direkte Gespräch und die offene Auseinandersetzung.

Bremen, im August 1999

Hilde Adolf
Senatorin für Arbeit, Frauen, Gesundheit,
Jugend und Soziales

Louis Ferdinand von Zobeltitz
Schriftführer der Bremischen Evangelischen Kirche

Einleitung

»Sobald man ein Kopftuch trägt, meinen die Leute, man könne kaum lesen und schreiben, ... das finde ich immer wieder erschreckend. ... Kaum jemand ist bereit, wirklich offen zuzuhören oder in irgendeiner Form mal anders zu denken« (Maryam, 37).

Das Thema »Frauen im Islam« ist in den letzten Jahren fast schon zu einem »Modethema« geworden. Eine Vielzahl an Untersuchungen, meist aus dem sozialpädagogischen Bereich, beschäftigt sich mit dem Alltagsleben muslimischer Frauen und Mädchen in Deutschland.[1] Doch obgleich das Interesse an Büchern und Veranstaltungen zum Thema »Frauen und Islam« offensichtlich groß ist, scheint es sehr schwer zu sein, sich auf diese fremden Lebensweisen und Orientierungsmuster muslimischer Frauen zunächst einmal ohne vorgefertigte Schablonen einzulassen.[2] So folgen die meisten Veröffentlichungen spezifischen Bildern über »die islamische Frau«, die geprägt sind durch die westliche Sicht auf den Islam und unterstützt werden durch eine undifferenzierte, vereinfachende Berichterstattung in den Medien, in der von vermeintlichen Experten ein »Feindbild Islam« vermittelt wird. »Harem, Schleier und die türkische Putzfrau mit dem Kopftuch, das sind die Klischees, die mit Frauen im Islam verbunden werden und die die Medien pflegen. Dort erscheinen orientalische Frauen vorzugsweise in schwarze bedrohliche Stoffmassen gehüllt, den Tschador, für den Westen *das* frauenfeindliche Repressionsmittel *par excellence*«.[3]
Nachdem früher das Bild der exotischen Orientalin hinter Haremsmauern westliche Phantasien beeinflußte, domi-

1 Einen Überblick über bisher vorliegende Literatur gibt z.B. die Bibliographie von Schulz, 1992.

2 Pinn/Wehner gehen diesen Bildern und Schablonen über die islamische Frau in ihrer Untersuchung »Europhantasien. Die islamische Frau aus westlicher Sicht« in all ihren Facetten nach. Vgl. Pinn/Wehner 1995.

3 Lueg, 1993, S. 31.

nieren heute vor allem zwei Klischeebilder »der islamischen Frau«. Auf der einen Seite wird die »Kopftuchtürkin« geradezu zur Symbolfigur der unterdrückten Frau, zum hilflosen Opfer von Macht und Unterdrückung durch das islamische Patriarchat. Zum anderen gewinnt das Bild der tief verschleierten »islamischen Fundamentalistin« zunehmend an Bedeutung und wird zum Inbegriff »der Fremden« überhaupt.

Als Individuen mit eigenen Perspektiven treten muslimische Frauen kaum in Erscheinung - sie besitzen keine eigene Stimme. Vor allem diejenigen, die Kopftücher tragen, werden als rückständig, ungebildet, unselbständig und fixiert auf die Familie dargestellt, wobei der Islam für diese Zuschreibungen als zentrales Erklärungsmodell dient. Der Islam sei schuld daran, daß türkische Mädchen von ihren Vätern, Brüdern und später dem eigenen Ehemann unterdrückt würden, daß ihnen Zukunftsperspektiven, Schul- und Ausbildungen verwehrt blieben. Der Islam mache sie unselbständig und verhindere ihre Integration in die deutsche Gesellschaft.[4]

Die Tatsache, daß in vielen islamischen Ländern die Religion im gesellschaftlichen und politischen Leben zunehmend an Bedeutung gewinnt, trifft im Westen vorwiegend auf Unverständnis und Abwehr. Bilder von Terroranschlägen und Gewalt politischer Gruppen im Namen des Islam, Schlagworte wie »Re-Islamisierung«, »Fundamentalismus« und »Islamischer Fanatismus« erzeugen verständlicherweise Verunsicherung und Ängste.[5] Dieser Verunsicherung kann nur durch differenzierte Aufklärung und

4 Wir möchten ausdrücklich betonen, daß es keineswegs darum geht, den Islam per se zu verteidigen oder die Kritik an Unterdrückungsmechanismen gegenüber Frauen einzustellen. Es ist jedoch notwendig, Diskrimimierung von Frauen von ihren realen gesellschaftlichen Lebensbedingungen her zu analysieren, anstatt schon vorher zu »wissen«, daß sie allein oder überwiegend religiöse Ursachen hat.

5 Einen umfassenden Überblick zur Geschichte, zum gegenwärtigen wissenschaftlichem Diskussionsstand und zu sozialen wie weltanschaulichen Implikationen der genannten Begriffe findet sich z.B. bei Marty/Appleby 1996.

Information über den Islam begegnet werden. Während in den Medien meist ein düsteres, angsteinflößendes Bild vom Islam gezeichnet wird, nimmt die Bedeutung des Islam auch in Deutschland offensichtlich zu. Durch die Institutionalisierung religiös-politischer Moscheevereine und neue Moscheebauten wird der Islam in der Gesellschaft stärker sichtbar, wobei eine Intensivierung der religiösen Lebenspraxis meist negativ als Zeichen einer »Re-Islamisierung« türkischer Migranten in Deutschland gewertet wird.[6] Auch Frauen wenden sich (wieder) der eigenen Religion zu, entschließen sich zu einem Leben nach islamischen Richtlinien und zeigen dies nach außen dadurch, daß sie das Kopftuch tragen. Sowohl in der Literatur als auch in der Öffentlichkeit wird die bewußte Hinwendung zum Islam oftmals als ein Rückschritt in das traditionelle Leben betrachtet, das Frauen kaum Möglichkeiten der Selbstbestimmung bietet.

Während denjenigen Frauen, die sich eben (noch) nicht vom Kopftuch befreit haben, zumindest ein gewisses Maß an Mitleid entgegengebracht wurde, stoßen muslimische Frauen, die sich bewußt der eigenen Religion zuwenden, in der Mehrheitsgesellschaft meist auf Verständnislosigkeit und Argwohn. Gerade sie werden in der Öffentlichkeit immer wieder mit Vorurteilen konfrontiert, die deshalb immer noch so wirken können, weil die Kenntnisse sowohl über »den Islam« als auch über das Leben von Musliminnen in Deutschland eher gering sind. Selbst objektive Rahmenbedingungen der Mehrheitsgesellschaft wie rechtliche und soziale Diskriminierungen, unter denen Migrantinnen hier leben, werden in dieser Perspektive meist völlig ausgeblendet. Geringe Kenntnisse über die hiesigen Lebensbedingungen von Migrantinnen als auch die meist über die Medien vermittelten Vorstellungen von Migranten und Migrantinnen als Opfer, Kriminelle, etc. verleiten zu pauschalisierenden Negativzuschreibungen. Migranten und

6 In dem vorliegenden Buch verstehen wir »Re-Islamisierung« als Rückbesinnung auf politische, soziale und kulturelle Implikationen und Potentiale des Islam in Abgrenzung zur Dominanz des Westen.

Migrantinnen werden nicht selten als die »Anderen«, die »Nichtdazugehörigen« gesehen und je mehr sie sich durch ihre äußere Erscheinungsform, durch Haut- und Haarfarbe, insbesondere bei muslimischen Frauen auch durch die Kleidung, unterscheiden, um so mehr wird ihr Dasein als ein Problem wahrgenommen. Die Ursachen für dieses Problem werden in der als per se fremd definierten Ursprungskultur ausgemacht. Die Ausgrenzung legitimiert sich dann durch die Annahme, daß die Werte und Normen der vor allem islamisch geprägten Kulturen mit den hiesigen unvereinbar seien.
Mittlerweile gibt es auf verschiedenen Ebenen Ansätze, diese eurozentristische Betrachtungsweise aufzubrechen und um neue Perspektiven zu erweitern.[7] Auf der wissenschaftlichen Ebene haben auch die betroffenen Frauen selbst angefangen, sich kritisch mit dem dominanten Diskurs[8] auseinanderzusetzen. Darin befreien sie sich aus der »Opferrolle«, in die sie immer wieder gedrängt worden sind, und zeigen neue Perspektiven und Möglichkeiten auf, um die Voraussetzungen für neue Diskurse zu schaffen. Mit ihrer empirischen Arbeit über das Selbstverständnis junger türkischer Migrantinnen in Deutschland, die im allgemeinen als eine besondere Problemgruppe stigmatisiert werden, macht beispielsweise Otyakmaz deutlich, welche rassistischen und eurozentristischen Strukturen dem Diskurs über türkische Migrantinnen zugrundeliegen, und läßt junge türkische Frauen selbst zu

7 Hier sind z.B. die Arbeiten von Lutz zu nennen, die in ihrer Studie »Welten verbinden« aufzeigt, daß die von ihr interviewten türkischen Migrantinnen durch ihre kulturellen Kompetenzen, zu »Mittlerinnen« zwischen verschiedenen kulturellen Lebenswelten werden und dabei gleichzeitig eigene individuelle Emanzipationsprozesse bewältigen. Vgl. Lutz, 1991.

8 Ein Diskurs »ist eine Gruppe von Aussagen, die eine Sprechweise zur Verfügung stellen, um über etwas zu sprechen, ... eine besondere Art von Wissen über einen Gegenstand. Wenn innerhalb eines besonderen Diskurses (wie z.B. dem westlichen Diskurs über muslimische Frauen und den Orient) Aussagen über ein Thema getroffen werden, ermöglicht es der Diskurs, das Thema in einer bestimmten Weise zu konstruieren.« Hall 1994, S. 150.

Wort kommen.[9] Auch im gesellschaftlichen Alltag gibt es an zahlreichen Orten Versuche von ChristInnen und MuslimInnen, miteinander ins Gespräch zu kommen, sich kennenzulernen und sich über die eigene und die fremde Religion auszutauschen.[10] Eine Studie über religiöse Einrichtungen von Muslimen in Bremen, die 1995 von Hannemann und Frese im Auftrag der Bremischen Evangelischen Kirche (BEK) erarbeitet wurde[11], stellt hier eine Grundlage für einen nachbarschaftlichen, gleichberechtigten Dialog von Muslimen und Christen dar. Die Studie bietet Interessierten die Möglichkeit, sich über islamisches Leben und Moscheen in der Stadt zu informieren und Kontakt aufzunehmen. Während der Gespräche und Interviews, die die beiden Autoren mit den verschiedenen Moscheevereinen und religiösen Institutionen in Bremen führten, erhielten sie jedoch keine genaueren Informationen darüber, inwieweit sich muslimische Frauen mit Veranstaltungen und eigenen Frauengruppen am religiösen Leben in den Moscheen beteiligen, da Männern der Bereich der Frauen weitgehend verschlossen ist. Dennoch wurde ihnen versichert, daß den Frauen bestimmte Bereiche und Räume zur Verfügung stehen und auch unabhängig von den Männern genutzt werden.[12]
Vor diesem Hintergrund wurde im September 1996 damit begonnen, im Auftrag der Bremischen Evangelischen Kirche und dem Referat Ausländerintegration beim Senator für Frauen, Gesundheit, Jugend, Soziales und Umwelt-

9 »Auf allen Stühlen. Das Selbstverständnis junger türkischer Migrantinnen in Deutschland.« Otyakmaz 1995.

10 Entgegen allen Vorurteilen ist in Bremen auch der jüdisch-muslimische Dialog in Gang gekommen. So referierte die Vorsitzende der Jüdischen Gemeinde Bremen mehrfach auf Veranstaltungen der Bremer Außenstelle des Zentralinstituts Islam-Archiv. Auch bei der im Herbst 1997 vom Senat und nahezu allen muslimischen Vereinigungen in Bremen veranstalteten 1. Bremer Islamwoche stand der Dialog der Muslime mit der nicht muslimischen Stadtbevölkerung im Vordergrund.

11 »Wir sind ja keine Gäste mehr. Religiöse Einrichtungen Bremer Muslime.« Frese/Hannemann, 1995.

12 Vgl. Frese/Hannemann, 1995, S.5.

schutz eine Fortsetzung der oben genannten Studie zu erarbeiten. Diese sollte sich schwerpunktmäßig auf Frauengruppen in den religiösen Einrichtungen von Muslimen beziehen. Es stand dabei im Vordergrund, einen Überblick über die verschiedenen Angebote für Mädchen und Frauen in den Moscheen zu erstellen. Gleichzeitig ging es jedoch auch um die Frage, wie der religiöse Alltag von Musliminnen aussieht, wie der Islam von Frauen gelebt wird, welche Bedeutung er für die Frauen hat. Im Vordergrund unserer Arbeit sollte das Gespräch mit muslimischen Frauen über ihre Religion stehen. Ihre persönlichen Perspektiven sollten dokumentiert werden, die Art und Weise, wie sie Religion in ihrem Alltag leben, was es für sie heißt, Muslimin zu sein. Diese untersuchungsleitenden Fragestellungen in den Mittelpunkt zu stellen, führte dazu, das Konzept, die Zielsetzung und die methodische Herangehensweise des Vorhabens so zu gestalten, daß Gespräche mit muslimischen Frauen über ihren Glauben möglich und von den Frauen selbst mitgetragen wurden. Es war uns wichtig, nicht über die betreffenden Frauen zu schreiben, sondern das vorliegende Buch mit ihnen gemeinsam zu erarbeiten. Auf diese Weise sind ganz individuelle Schilderungen von Frauen entstanden, in denen sie über ihren Glauben und ihren religiösen Alltag berichten. Durch ihre Erzählungen geben sie uns einen Einblick in die Vielfalt ihrer religiösen Lebens- und Gedankenwelten. Sie eröffnen uns die Möglichkeit, einmal eine andere Perspektive einnehmen zu können, oder, wie eine unserer Gesprächspartnerinnen es ausdrückte, »einmal anders zu denken«, die eigenen Sichtweisen, Vorurteile und Klischees an den Aussagen der Frauen, die sie betreffen, zu spiegeln und den eigenen Standpunkt zu überdenken. Dafür, daß sie uns diese Möglichkeit gaben, für ihre Offenheit und ihre Bereitschaft, sich mit uns zu unterhalten, möchten wir allen Frauen an dieser Stelle noch einmal herzlich danken.
Ohne den Anspruch erheben zu wollen, mit diesem Buch eine repräsentative Auswahl getroffen zu haben, haben wir uns dennoch um einen differenzierten Zugang bemüht, um so das unterschiedliche religiöse Selbstverständnis der ver-

schiedenen Frauen dokumentieren zu können. Bei der Auswahl der Interviewpartnerinnen versuchten wir folgende Auswahlkriterien zu berücksichtigen, um die Vielfalt religiöser Orientierungen muslimischer Frauen erfassen zu können: Zeitpunkt der Einwanderung, Herkunftskultur, Nationalität, Generationszugehörigkeit sowie die persönliche Schul- bzw. Berufsausbildung und die Zugehörigkeit zu verschiedenen Richtungen innerhalb des Islams. Insgesamt haben wir in der Zeit von Oktober 1996 bis Juni 1997 zwanzig Gespräche geführt. Die von uns befragten Frauen sind zwischen 16 und 50 Jahre alt und wohnen fast alle in Bremen und Umgebung. Unter den Gesprächspartnerinnen sind von Auszubildenden über Hausfrauen und Akademikerinnen alle gesellschaftlichen Gruppen vertreten. Viele unserer Gesprächspartnerinnen haben wir zunächst über persönliche Bekannte und Freundinnen kennengelernt. Teilweise ergaben sich Kontakte jedoch auch zufällig, oder es meldeten sich interessierte Frauen, die von unserem Vorhaben über Dritte erfuhren.
Für die Gespräche erstellten wir einen Interviewleitfaden, der sich auf den religiösen Alltag muslimischer Frauen bezieht, darauf, ob und wie sie selbst Veränderungen ihres Glaubens oder ihrer Glaubenspraxis in der Migration erleben. Gleichzeitig wollten wir jedoch auch auf die vorherrschenden Vorurteile und Standardannahmen über muslimische Frauen eingehen und die Betreffenden danach fragen, welche Möglichkeiten es aus ihrer Perspektive für einen interkulturellen[13], interreligiösen Dialog geben könnte. In den Gesprächen selbst diente der im Anhang aufgeführte Leitfaden jedoch meist nur als roter Faden, auf den wir zurückgreifen konnten, wenn das Gespräch ins Stocken geriet. Häufig entstand jedoch recht schnell eine

13 Wir verstehen unter interkulturellem und interreligiösem Dialog die Notwendigkeit, Möglichkeiten des Sichkennenlernens, des Austausches zwischen Menschen verschiedener kultureller Lebenswelten wahrzunehmen, um eigene und fremde Bilder zu reflektieren. Vgl. zur wissenschaftlichen Diskussion des Begriffes „Interkulturelle Erziehung“, z.B. Auernheimer 1990.

Gesprächssituation, in der die Frauen über ihren Glauben erzählten und auch ihrerseits Fragen stellten über unsere persönlichen Positionen, beispielsweise zum Thema Religion.

Nachdem wir in einem Vorgespräch mit den Frauen über den Leitfaden sprachen, fanden die eigentlichen Interviews in den Wohnungen der Frauen oder in verschiedenen Institutionen statt und dauerten zwischen einer und drei Stunden. Die jeweiligen Voraussetzungen eines Interviews sind immer von entscheidender Bedeutung für das entstehende Gespräch. Dazu gehören beispielsweise das Interesse der Befragten an der Interviewerin, der Ort und der Zeitpunkt des Interviews sowie der jeweilige äußere Rahmen der Gesprächssituation. Auf unsere Interviews bezogen ist an erster Stelle der »Intervieweffekt« zu nennen. Wir haben uns bemüht, die Interviews eher auf einer Gesprächsebene durchzuführen, bei der die Rollen der »Fragenden« und der »Befragten« auch durchaus getauscht werden konnten. Es war uns wichtig, mit unseren Fragen ein gemeinsames Gespräch anzuregen. Wir zeichneten diese Unterhaltungen allerdings fast immer mit einem Diktiergerät auf, um uns so auf das Gespräch konzentrieren zu können und gleichzeitig alle Informationen festzuhalten. Damit sollte verhindert werden, schon durch das Niederschreiben eine unbewußte Selektion von Informationen vorzunehmen. In dieser künstlich geschaffenen Situation wurden den Befragten teilweise sehr persönliche Stellungnahmen abverlangt, so daß einige Frauen anfangs dem Gerät gegenüber eher mißtrauisch waren, sich durch die Aufnahme ihrer Stimme irritiert fühlten und die Angst äußerten, daß die Aufnahmen zu anderen Zwecken mißbraucht werden könnten.[14]

Daneben spielt gerade bei unserem Gesprächsgegenstand - nämlich der eigenen Religion und dem eigenen Glauben - die gegenseitige Wahrnehmung der Beteiligten eine große

14 Mit unseren Gesprächspartnerinnen vereinbarten wir, daß auf Wunsch der Name und andere persönliche Angaben bei der Veröffentlichung verändert wurden und alle Aussagen von den Betreffenden nach der Transkription überprüft werden konnten.

Rolle, da sie die Bewertung der Fragen durch die Befragten beeinflußt. Wie und in welchen unterschiedlichen Rollen wir wahrgenommen wurden, als Deutsche oder als Migrantin, als Religionswissenschaftlerin oder Sozialpädagogin, beeinflußte die Gesprächssituation und damit auch die Antworten der befragten Frauen. In unseren Gesprächen ging es um Religion, also um ein Thema, über das viele gesellschaftlich akzeptierte Vorurteile bestehen und bei dem die Rechtfertigungspflicht meist auf der Seite der Muslime liegt, denn in Gesprächen mit Angehörigen der Mehrheitsgesellschaft sind sie es, die den Islam immer wieder erklären und rechtfertigen müssen. So lag es für die Befragten nahe, auf bestimmte Bilder über »den Islam« und »die muslimische Frau« einzugehen und sie in den Mittelpunkt zu stellen. Es ist also nicht verwunderlich, daß das Kopftuch in vielen Gesprächen immer wieder zum Thema gemacht wurde. Dabei ging es auch um die Frage, mit welchen negativen oder positiven Voreinstellungen zum Thema wir die Gespräche führten. Gerade der deutschen Interviewerin gegenüber wurde zunächst eine Verteidigungshaltung eingenommen, bis im Gespräch ihre persönliche Position z.B. zum Thema Kopftuch geklärt werden konnte. Andererseits erschien die türkische Interviewerin in den Augen einiger Gesprächspartnerinnen überhaupt nicht »muslimisch«, so daß auch ihre Position im Laufe des Gespräches hinterfragt wurde. Oft schien es, als ob es auch darum ging, sich zunächst einmal unserer Solidarität zu versichern. In den vorliegenden Interviews gab es also nicht allein die Ebene der Fragen und Antworten, sondern es entstanden Situationen, in denen sich Befragte und Fragende kennenlernen und Erfahrungen austauschen konnten.[15] Oftmals ergaben sich vor oder nach der Aufnahme intensivere Gespräche und Dialoge mit den Frauen als zum Zeitpunkt des eigentlichen Interviews. Wir haben uns bemüht, wesentliche Aussagen dieser Gespräche in die Erzählungen der Frauen miteinfließen zu

15 Vgl. zu den verschiedenen Dimensionen im Verständigungsprozeß eines Interviews z.B. Lutz, 1991, S. 68ff.

lassen. Es war unsere Absicht, die Aussagen der Frauen sprachlich nur dann zu verändern, wenn es aufgrund einer besseren Verständlichkeit notwendig erschien. Wir wollten den persönlichen Charakter und die jeweilige Atmosphäre des Gespräches beibehalten. Auch wenn auf diese Weise die nonverbale Kommunikation, Mimik und Gestik der Gesprächspartnerinnen so nicht vermittelt werden konnten, hoffen wir, daß zumindest ein wenig die Lebendigkeit, mit der die Frauen erzählten, erhalten geblieben ist. Alle Frauen hatten später die Möglichkeit, ihre Erzählungen zu überprüfen und zu ergänzen. Während einige Texte die spontanen Aussagen der Frauen unverändert wiedergeben, haben andere Frauen ihren Text sprachlich überarbeitet. Von zwei Frauen wurden unsere Fragen schriftlich beantwortet. Einige Interviews wurden aufgrund der geringen Deutschkenntnisse der Gesprächspartnerinnen auf türkisch geführt. Hierzu wurden der Interviewleitfaden ins Türkische übersetzt und die Fragen dann so erläutert und vermittelt, daß die Betreffenden mit ihnen umgehen konnten. Um das Gespräch nicht unnötig zu unterbrechen und zu stören, wurde das Gespräch nicht simultan übersetzt, sondern erst anschließend ins Deutsche übertragen.
Die größten Chancen, durch Vorurteile geprägte Bilder und Verhaltensweisen zu verändern, sehen die meisten unserer Gesprächspartnerinnen auf der Ebene persönlicher Kontakte und zwischenmenschlicher Begegnungen im Alltag. Damit »das Fremde« nicht »fremd« bleibt, ist es wichtig, miteinander ins Gespräch zu kommen und sich gegenseitig kennenzulernen. Im folgenden möchten wir daher die verschiedenen Frauen, die mit uns über sich und ihren Glauben gesprochen haben, zu Wort kommen lassen.

Leitfaden zum Interview

1. Hat die Religion bei euch zu Hause eine Rolle gespielt, war deinen Eltern eine religiöse Erziehung ihrer Kinder wichtig? Oder hast du selbst dich irgendwann für deine Religion näher interessiert?
2. Kannst du dich erinnern, daß es einen bestimmten Zeitpunkt gab, an dem deine Religion für dich wichtig wurde? Hast du dich irgendwann bewußt um deine Religion gekümmert?
3. Wie lebst du deine Religion hier in Deutschland?
   Wie seiht dein religiöser Alltag aus? Gibt es z. B. religiöse Pflichten, die du in deinem Alltag einhalten möchtest?
4. Gehört z. B. das Tragen eines Kopftuches deiner Meinung nach dazu? Trägst du selbst ein Tuch? Gab es einen bestimmten Zeitpunkt, an dem du dich dazu entschlossen hast? Und welche Gründe spielten dabei für dich persönlich eine Rolle?
5. Hast du Kontakte zu einer Moschee?
   Wie sehen deine Erfahrungen mit den Moscheen aus?
   Welche Angebote gibt es dort für Frauen?
   Gehst du regelmäßig dort hin?
   Was bedeuten dir die Treffen mit anderen Frauen dort?
6. Könntest du dein religiöses Selbstverständnis als muslimische Frau in Deutschland beschreiben? Was heißt das für dich?
7. Denkst du, daß sich dein religiöses Selbstverständnis, so wie du dich als Muslimin siehst, von der Generation deiner Eltern unterscheidet?
8. Was heißt für dich Emanzipation?
9. Glaubst du, daß deine Religion für dich und vielleicht auch für deine Kinder gerade hier in Deutschland wichtig ist; z. B. um eine eigene Identität zu entwickeln? Denkst du, daß das Leben in Deutschland eine Rolle dabei spielt, sich bewußt der eigenen Religion zuzuwenden?

10. In der öffentlichen Diskussion geht es hier stets um die Frage, ob die Religion eine Integration in die Gesellschaft fördern kann oder ob sie eher ein Hemmnis darstellt? Wie ist deine Meinung dazu?
11. Hast du selbst Kontakte zu Frauen anderer Konfessionen?
    Wie sehen diese aus?
12. Wie wirst du als muslimische Frau z.B. außerhalb deines Freundeskreises wahrgenommen?
    Wie wirst du beurteilt; und welche Erfahrungen hast du mit anderen Frauen gemacht?
13. Was denkst du, welche Möglichkeiten es für einen islamisch-christlichen Dialog gibt? Welche Schwierigkeiten und Hindernisse siehst du?
    Wie könnte ein Dialog zwischen den Religionen und Kulturen aussehen?
14. Hast du noch weitere Anmerkungen?

Schriftlicher Kurzfragebogen

1. Wie alt bist du?
2. Seit wann lebst du in Deutschland?
   Wie bist du nach Deutschland gekommen?
   (als Arbeitnehmerin, durch Familienzusammenführung, wegen Ausbildung bzw. Studium etc.)
3. Aus welchem Land kommst du bzw. kommen deine Eltern?
   Aus welchem Ort stammt deine Familie?
4. Was machst du beruflich? Welche Ausbildung hast du gemacht?
5. Bist du verheiratet/ledig/geschieden?
6. Würdest du dich als muslimische Frau (in Deutschland) bezeichnen?
   Welcher Konfession gehörst du an?
   Würdest du dich als religiös bezeichnen?

Interviews

»Die Liebe ist mein Glauben«

Fadik, 38 Jahre, lebt seit 20 Jahren in Deutschland. Sie kommt aus der Türkei, aus Amasya, und ist durch die Familienzusammenführung hier. Fadik ist verheiratet, hat keine Kinder und ist als ungelernte Arbeiterin zur Zeit arbeitslos. Sie hat in der Türkei die Mittelschule abgeschlossen und bezeichnet sich als gläubige Alevitin.

In meiner Erziehung war die Religion, soweit das die Zeit zuließ, sehr wichtig. Eine bewußte Erziehung war es in dem Sinne nicht. Wir haben das als etwas Selbstverständliches mitbekommen. Natürlich haben meine Eltern, vor allem meine Oma, bei der ich aufgewachsen bin, weil meine Mutter sehr früh gestorben ist, großen Wert auf den Glauben gelegt. Die alten Menschen werden bei uns sehr verehrt und respektiert. Sie haben Lebenserfahrung und sind weise und haben dadurch eine angesehene, hohe Stellung. Meine Oma war auch so eine Person. Sie hat mir immer Lebensweisheiten mit auf den Weg gegeben. Zum Beispiel hat sie immer davon gesprochen, wie die Menschen nach dem alevitischen Glauben sind, und hat uns dies als Möglichkeiten für die Entwicklung unserer Persönlichkeit mitgegeben. Der alevitische Glaube baut seine Philosophie auf Frieden, Freiheit, Offenheit, Freundlichkeit, Herzlichkeit, Liebe und Toleranz auf, und man soll keine schlechten Wünsche für die Menschen und Lebewesen hegen, man sollte für die Gemeinschaft dasein, alle Lebewesen respektieren und alle Andersgläubigen akzeptieren und respektieren.
Ich bin mit der Religion groß geworden, und die Religion ist mir mit auf den Weg gegeben worden. Das Dorf, in dem ich aufwuchs, war alevitisch. Es war nicht gemischt, ich meine, es lebten dort keine Sunniten. Es gab solche Dörfer in der Nähe, und dort mußten die Aleviten ihren Glauben teilweise versteckt ausleben. Bei uns auf dem Dorf war das nicht so. Ich bin mit dem Selbstverständnis als Alevitin aufgewachsen.
Der alevitische Glaube besteht nicht darin, bestimmte Pflichten, wie z.B. bei den Sunniten fünfmal am Tag zu

beten, zu erfüllen, sondern es sind vielmehr Lebenserfahrungen, Lebensformen und Lebensweisheiten, die allen Menschen der Gemeinschaft mit auf den Weg gegeben werden. Als Kinder werden die Menschen damit konfrontiert, und es werden diese Lebensweisheiten, -formen und -erfahrungen vermittelt. Dies alles passiert nicht unter Zwang oder aus einer Verpflichtung heraus. Bei uns ist es immer so gewesen, daß die Menschen es mit dem Herzen, aus dem Herzen, aus der Seele heraus und mit voller Überzeugung machen. Aber auf gar keinen Fall tun sie es unter Zwang oder aus einer Verpflichtung heraus. Das habe ich so mitbekommen. Von daher gab es kein bestimmtes Alter, ab dem ich sagen kann, daß ich meinem Glauben, nämlich dem Alevitentum, nachging.
Es ist für mich egal, wo ich lebe, ob im Dorf oder in der Stadt oder in einem anderen Land. Ich führe meine Pflichten und meine Lebensform weiterhin so aus, wie ich das immer getan habe. Das können weder Deutschland, die Türkei noch irgendwelche anderen Länder verhindern. Ich lebe und werde auch weiterhin meinen Glauben ausleben und weiterführen.
Es gibt auch Unterschiede bei den Aleviten. Sie sind davon abhängig, wo die Menschen leben, ob sie mit Sunniten eng zusammenleben und ob sie westlich, östlich, südlich oder nördlich leben. Die Standorte machen die Verschiedenheit aus und prägen die Unterschiede. In den Zeiten, in denen die Aleviten verfolgt wurden, was es immer noch gibt, haben sie aus Angst, von den Sunniten entdeckt zu werden, angefangen, in die sunnitische Richtung zu gehen. D.h. fünfmal am Tag zu beten, in die Moschee zu gehen, im Ramadan zu fasten, etc. Sie haben sich der Mehrheitsgesellschaft durch die Zwänge, Verfolgungen und durch die Ängste um ihr eigenes Leben angepaßt. Sie konnten und können nicht offen dazu stehen.
Es gibt im alevitischen Glauben Fundamente, Grundbausteine oder eben eine Basis, worauf sich der Glaube aufbaut. Das sind folgende: nicht zu lügen, über Menschen nicht schlecht zu reden, den Menschen nichts Böses oder Schlechtes zu wünschen, keine Aussagen zu machen,

durch die die Menschen in schlimme Situationen kommen können, keine Lebewesen zu töten oder zu verletzen, keine bösen Absichten haben, alle Menschen und Lebewesen lieben und respektieren, alle Menschen und Lebewesen gleichberechtigt behandeln, jeden Glauben und alle Menschen, egal woher sie kommen, egal welche Farbe sie haben und welche Sprache sie sprechen, akzeptieren und respektieren. Die Männer als »Kardes« - Bruder - und die Frauen als »Baci« - Schwester - anzunehmen und sich für den Frieden einzusetzen. Menschen nicht auszugrenzen und nicht zu unterdrücken. Den Haß, die Macht, die Konkurrenz und den Kampf unter den Menschen abzuschaffen. Tolerant gegenüber den anderen Menschen zu sein und die Menschen zu lieben. Meine Pflicht ist es, auch in dieser Zeit, wo es soviel Krieg und Rassismus gibt, Menschen zu lieben und zu tolerieren und in Frieden mit den Menschen und der Natur zu leben. Statt Haß möchte ich Liebe, statt Feindschaft Freundschaft, statt Krieg Frieden. Mit diesen Werten möchte ich Achtung unter den Kulturen und den Glaubensrichtungen schaffen und alles schützen, lebendig erhalten und den kommenden Generationen weitergeben. Das sind die Pflichten der Aleviten, also meine Pflichten. So sieht mein religiöser Alltag aus.
Unabhängig von Deutschland würde mein Alltag in der Türkei oder woanders nicht anders aussehen. Egal wo ich bin, habe ich meinen Glauben in mir, in meinem Herzen und in meiner Seele. Wo ich bin, da ist mein Glaube auch. Außerdem ist das Göttliche, ist der Glaube in mir drin. Das Gute und auch das Böse ist in mir drin. Ich brauche das nicht in der Moschee, in der Kirche, im Koran, in der Bibel, in Mekka oder in Rom zu suchen. Die Liebe ist mein Glauben. Die heiligen Bücher können mich dabei unterstützen, aber letztendlich ist der Gott in mir, in meinem Herzen und in meiner Seele.
Die heiligen Bücher vermitteln das Wissen, wie der alevitische Philosoph Haci Bektas Veli sagt: »Ein Weg ohne Wissen führt in die Finsternis.« In diesem Sinne vermitteln uns die heiligen Bücher das Wissen über die Geschichte, damit wir uns weiterentwickeln können. Wir können die-

ses Wissen für die Menschheit, für die Lebewesen, für die Erde, für das Universum, für das Gute, überhaupt für die Gesamtheit einsetzen.
Ich denke, wenn alle Menschen sich so für die Menschheit einsetzen würden, würde es in der Welt Frieden geben, kein Elend mehr, keine Ausbeutung, keine Unterdrückung und keinen Krieg. Ich möchte einen hohen Geistlichen der Aleviten dazu zitieren. Der Nimri Dede sagt:

»Den Geist von Haß und Zwietracht aus mir reißend,
bin ich gekommen, wahrhaft Mensch zu sein.
Das Herz der Weisen lasset uns erobern,
mit vollem Ernst bin ich gekommen, Mensch zu sein.«

Den Glauben suche ich in mir und nicht, wie ich schon mal gesagt habe, woanders. Sogar der Haci Bektas Veli gab das den Menschen mit auf den Weg. Er sagte:

»Ros glüht nicht von selbst, sondern durch das Feuer.
Der Verstand sitzt im Kopf, nicht in der Krone.
Was immer Du suchst, sollst Du bei Dir suchen,
nicht in Jerusalem, in Mekka oder auf der Pilgerfahrt.«

Mit diesen Weisheiten bin ich aufgewachsen und sehe sie als meine Pflichten an. Ich lese viel. Obwohl ich die deutsche Sprache nicht so gut beherrsche, versuche ich ebenfalls auf deutsch geschriebene Bücher zu lesen, um zu vergleichen und um mein Wissen weiterzuentwickeln. Dazu möchte ich einige alevitische Dichter, Philosophen und Heilige zitieren. Dazu sagte zum Beispiel Hazreti Ali:

»Jedes Gefäß wird beim Auffüllen immer enger,
aber das Gefäß des Wissens wird immer breiter, wenn man es auffüllt.«

»Mehr arbeiten und wenig beten ist besser, als wenig arbeiten und mehr beten.«

»Bildung ist für jede Frau und jeden Mann eine Pflicht.«
Das Tragen eines Kopftuches gehört meiner Meinung nach absolut nicht zum Glauben dazu. Dem Kopftuch wurde im Westen in den letzten Jahren eine negative Bedeutung

zugeschrieben. Hier wurde die Bedeutung nicht nur negiert, sondern auch mit dem Islam gleichgesetzt, als ob der Islam nur aus dem Kopftuch bestehen würde. Dazu gehören Klischees, wie z.B. das Kopftuch als Symbol für die Unterdrückung der Frauen. Jahrzehntelang haben Menschen sowohl in Asien, Afrika, Amerika als auch in Europa irgendwelche Kopfbedeckungen getragen, und keiner hat davon so einen Zirkus, so ein Theater gemacht. Seitdem der Kommunismus, der nur als politischer Vorwand benutzt wurde, nicht mehr existiert, ist das Feindbild Islam zum Tagesordnungspunkt geworden und damit auch das Kopftuch. Ich weiß, daß bei uns alle Frauen und Männer Kopfbedeckungen hatten und immer noch haben. Frauen trugen bunte, unifarbene Kopftücher, die bestickt und mit Perlen umrandet sind und die Männer hatten immer Mützen. Ich selber habe auch in Deutschland noch Kopftücher getragen.

Kopfbedeckungen galten bei uns als Respektsymbol. Respekt gegenüber den Älteren, gegenüber allen Menschen. Es war das Symbol für Respekt und Gleichberechtigung. Kein Mensch ist höhergestellt als der andere. Durch die Entwicklung der Welt, durch die Industrie, sind diese Werte, wie alle anderen Werte auch, verlorengegangen.

Ich habe keinen Kontakt zu den Moscheen. Ich hatte auch in der Türkei keine Kontakte. Von daher kann ich sehr schlecht auf solche Erfahrungen eingehen. Aber ich kenne viele, die dorthin gehen. Von einigen kriege ich manchmal mit, was für Propaganda gegenüber den Andersgläubigen gemacht wird, seien es Christen, Aleviten oder andere Glaubensrichtungen. Die Andersgläubigen werden als Ungläubige abgestempelt. Da gibt es dann zwischen uns wirklich ganz rege, harte Auseinandersetzungen.

Ich finde es unmöglich, was den Frauen und vor allem den Kindern in den Moscheen so eingetrichtert wird. Ich hatte und habe nur von meinen Nachbarinnen Diskriminierung und Ausgrenzung erlebt. Ich wurde sehr oft von deren Kindern als Ungläubige und Kommunistin beschimpft. Woher das kommt, ist doch klar. Wie sollen die Kinder so etwas wissen. Oder wenn ich z.B. mit kurzärmeligen Sachen im

Sommer draußen war, wurde ich von ihnen angemacht. Ich sollte langärmelige Kleidung anziehen und die Haare bedecken, sonst würde ich in der Hölle verbrannt werden. Inzwischen sind sehr viele Freundschaften nur durch das Thema Glauben kaputtgegangen. Sie haben mich nicht so akzeptiert und meinen Glauben, meine Lebensform und meine Rituale nicht respektiert. Alle Diskussionen führten zu keinem Ergebnis. Sie wollten, daß ich meinen Glauben aufgebe und zum sunnitischen Islam übertrete. Sie haben mir dabei immer wieder klarmachen wollen, daß ich zuerst zum Christentum übertreten muß, bevor ich Muslima, also Sunnitin, werde. Meinen Glauben haben sie noch nicht zum Islam gezählt. Jegliche Versuche von mir, die ich unternahm, um Gemeinsamkeiten aufzuzeigen, sind gescheitert. Die wollten nicht verstehen! Ich habe sie mit ihrem Glauben akzeptiert und respektiert. Ich wollte sie nicht, würde es auch nie wollen, von meinem Glauben überzeugen. Deshalb sind viele Beziehungen kaputtgegangen.

Mit den deutschen Kolleginnen und Nachbarinnen sah das etwas anders aus. Anders deshalb, weil sie aus mir keine Christin machen wollten. Zum anderen hatten sie von ihrem Glauben keine Ahnung. Aber was bei den Deutschen wichtig war, das waren ihre Werte und Normen. Ich sollte ihren Maßstäben entsprechen, und wenn ich das nicht tat, waren diese Kontakte auch gleich kaputt. Ich wurde bei den deutschen Frauen, wie bei den Sunnitinnen, immer wieder in bestimmte Positionen gedrängt, immer wieder mußte ich mich erklären und mich rechtfertigen. Weder die Sunnitinnen noch die deutschen Frauen machten sich die Mühe, sich selber damit auseinanderzusetzen. Das haben sie immer wieder von mir erwartet. Ich sollte mich fügen, mich ändern, und ich sollte verstehen, aber sie waren kein Stück bereit dazu. Ich denke, alle hatten Angst, sowohl die Sunnitinnen als auch die Deutschen. Ich möchte Hz. Ali zitieren: »Die Menschen fürchten sich vor dem, was sie nicht wissen.« Ich glaube, das war so. Anstatt offen mit mir darüber zu sprechen, haben sie ihre Ängste in Form von Klischees, Übertragung und Nichtbereitschaft gezeigt,

ohne zu lernen, zu fragen und sich selber damit auseinanderzusetzen.
Aber trotzdem sage ich noch mal: Ich liebe Menschen, die Natur und die dazugehörigen Wesen. Ich bin offen, zeige meine Toleranz. Ich bin friedliebend, gegen Krieg, gegen Feindschaft und für Freundschaft. Ich habe Achtung vor allen Kulturen und Glaubensrichtungen. Ich bin für die Freiheit aller Menschen und aller Glaubensrichtungen. Alle Menschen sollen so leben, wie sie möchten, autonom, in Freiheit und Frieden.
Ein wichtiger Bestandteil meines Selbstverständnisses ist gegenseitige Liebe, Toleranz, Freundschaft und Einheit der Menschen. Ich bin gegen jegliche Art von Hetzerei, Spaltung und Feindschaft. Ein wichtiger Grundsatz für mich ist: »Beherrsche Deine Hände, Deine Zunge und Deine Lende.«
»Beherrsche Deine Hände« besagt, daß du mit Deiner Hand nicht töten, nicht stehlen und nicht Gewalt anwenden sollst.
»Hüte Deine Zunge« besagt, daß du nichts Übles reden, nicht verletzend reden, nicht lügen und nicht schimpfen sollst.
»Beherrsche Deine Lende«, also »zügle Deine Triebe«, bedeutet die Keuschheit für Mann und Frau außerhalb der Ehe, die Monogamie, Ehrlichkeit und Anständigkeit.
Das sind drei Grundprinzipien, an die ich mich halte und nach denen ich mich definiere. Ich bin ehrlich und bin so, wie ich bin.
Ich möchte noch sagen, daß für mich die Liebe mein Glauben ist, so sehe ich mich als eine alevitische Frau. Natürlich unterscheidet sich der Glaube meiner Eltern bzw. meiner Großmutter von dem meinen. Meine Eltern haben ihren Glauben noch traditioneller ausgeführt als ich. Zu meiner Zeit hat die industrielle Entwicklung zugenommen, und durch diese Entwicklung sind auch die Traditionen zurückgegangen. Aber trotz der Unterdrückung der Aleviten haben die Leute ihren Glauben heimlich, soweit es ging, weitergeführt. Dadurch sind auch viele Aspekte, z.B. die Durchführung der Rituale, verlorengegangen oder konnten nicht

mehr ursprünglich vermittelt werden. Von so einer Zeit bin ich mehr oder weniger betroffen gewesen. Deshalb konnte ich einiges nicht so erleben wie meine Eltern. Vieles habe ich mir theoretisch erarbeitet, was meine Eltern durch Überlieferung und von Traditionen kannten.
Es ist egal, woher die Menschen kommen, welche Hautfarbe, welchen Glauben sie haben, welche Sprache sie sprechen, was sie denken oder welchem Geschlecht sie angehören: alle Menschen sind gleich. Kein Mensch, sei es Frau oder Mann, ist dem anderen über- oder unterlegen. Alle sind gleich wertvoll und haben die gleichen Rechte. Somit natürlich auch die Frau und der Mann. Hierzu ein Zitat von Haci Bektas Veli:
»In der Gemeinschaftsrunde wird nicht nach Mann und Frau gefragt, alles was Gott geschaffen hat, ist vollkommen.«

Frauen und Männer sind gleich, das ist keine Frage, sondern selbstverständlich, so wie alle Menschen gleich sind. Bei der Aussage »Beherrsche Deine Hände, Deine Zunge und Deine Lenden« wird von beiden Geschlechtern gleichermaßen die Einhaltung der moralischen Grundregeln erwartet. Bei uns ist es auch so, daß die Frauen nicht verschleiert und nach allen Seiten hin abgeschirmt werden dürfen. Außerdem ist es nicht so, daß ihre Beziehungen mit Männern von der Außenwelt abgeschnitten sind und ihre Pflichten alleine bei Ehemann, Kindern, Küche und Moschee liegen müssen.
Es ist so, daß bei uns die Frauen dem Mann zur Begrüßung die Hand geben, wie auch umgekehrt. Die Aleviten halten ihre Ehre nicht durch die Abschottung ihrer Frauen rein, sondern durch ihr Denken und ihr Verhalten. Die Gleichheit der Menschen, somit die Gleichheit zwischen Mann und Frau, war schon vor dem Islam vorhanden. Sie war vorislamische Tradition. Die Aleviten sind vom Schamanismus der Turkmenen und dem Zoroastrismus der Kurden, Yezidis, aber auch von den altanatolischen Traditionen, in denen z.B. weibliche Gottheiten ihren Platz hatten, geprägt (z.B. Tschatalhöyük).

Ich habe keine Kinder, aber trotzdem finde ich es wichtig, die Kinder frei aufwachsen zu lassen. Es ist sehr wichtig, ihnen zu vermitteln, daß alle Menschen gleich sind und sie alle Menschen, Lebewesen, die Natur, Kulturen und den Glauben ehren, akzeptieren und respektieren sollen. Wichtig ist auch, ihnen zu vermitteln, daß sie gegenüber den Menschen tolerant sein sollen, den Frieden lieben, den Haß ablegen und gegen den Krieg sind. So sollen sie großgezogen werden.

Sie sollen vermittelt bekommen, daß die menschlichen Werte, Normen und die Beziehungen unter den Menschen wichtiger sind. Es soll ihnen aber keine vorgefertigte Meinung, wie der Glaube, vermittelt werden. Es ist wichtig, die Kinder einfach zu lassen und ihnen diese Lebensweisheiten mit auf den Weg zu geben. Ob sie sie annehmen möchten oder nicht, müssen sie selber wissen. Sie sollen sich frei, autonom und eigenständig entscheiden und ihren eigenen Weg selber finden. Man darf sie auf gar keinen Fall zwingen oder verpflichten, sondern muß sie unterstützen und ihre Fragen beantworten. Das soll Aufgabe aller Erwachsenen und der Gemeinschaft sein, nicht nur die Aufgabe der Eltern. Nur so können Kinder eine gesunde Identität entwickeln.

Ich glaube nicht, daß Deutschland eine Rolle für die Entwicklung der Identität spielt. Denn wenn die Eltern die Kinder freilassen und in ihrer Entwicklung dabei auf die von den Kindern verlangte Unterstützung eingehen und sensibel und offen damit umgehen, denke ich, werden sie schon den eigenen Weg finden. Das ist aber nicht die alleinige Verantwortung der Eltern, sondern auch der Gemeinschaft und der Schule. Wenn in der Schule über andere Glaubensrichtungen, andere Kulturen oder andere Lebensformen unterrichtet würde, würden alle Kinder ihren eigenen wahren Weg finden. Dabei ist es natürlich wichtig, keinen der Wege höher zu stellen, sondern alles nebeneinander zu stellen, damit sich die Kinder frei, eigenständig und autonom für einen oder keinen der Wege entscheiden. Alle Glaubensrichtungen und Religionen führen eigentlich zum Guten, aber die Menschen setzen sie für ihre eigenen

Zwecke und für ihre eigene Macht ein. Jede(r) soll sich selber entscheiden, woran sie/er glauben möchte und welchem Glauben sie/er angehören möchte. Es soll jedem selbst überlassen werden. Wenn ich den Weg der Aleviten gewählt habe, ist es mein Weg, um zum Guten zu kommen, um Frieden zu finden, um zur Menschheit, zur Gleichberechtigung der Menschen und der Geschlechter und um zur Liebe zu kommen. Alle anderen sollen das akzeptieren, respektieren und tolerant damit umgehen. So wie ich das auch mache. Es ist wichtig, die Unterschiede zu sehen, sie zu akzeptieren und zu respektieren, aber es ist auch wichtig, das Gemeinsame zu finden, um zusammen, miteinander, ohne Kampf, Haß, Unterdrückung, Isolierung und Ausgrenzung zu leben. Das sollten wir den Kindern vermitteln und weitergeben. Nicht nur den Kindern, sondern auch der Gesamtheit aller Menschen.

Warum soll der Glaube oder die Religion ein Hindernis für ein gemeinsames Zusammenleben darstellen? Das verstehe ich nicht. Integration - was ist damit gemeint? Wenn damit die Anpassung gemeint ist, bin ich dagegen.

Warum soll ich meinen Glauben aufgeben, um die Werte und Normen der Mehrheitsgesellschaft anzunehmen? Wer sagt mir, daß diese Werte und Normen das A und O sind? Wie können Menschen anderen Menschen Maßstäbe setzen? Wie können Menschen anderen Menschen Rechte zuteilen? Das sind einfach Einschränkungen, die einem die Luft zum Atmen nehmen, einfach Verbote! Menschen, die solche Aussagen machen, denken wohl, daß sie die Besseren sind, daß sie die Wertvolleren sind! Das finde ich sehr arrogant, sehr intolerant und unmenschlich! Jeder soll so leben, wie er möchte! Jeder soll an das glauben, was er möchte! Es ist wichtig, den anderen nicht zu schaden und sie nicht zu verletzen.

Ich möchte zu dem Thema Dialog mit einem Gedicht von einem alevitischen Dichter Sah Hatayi (1487–1524) beginnen:

»Es gibt Worte, die enthaupten.
Es gibt Worte, die Kriege beenden.

Es gibt Worte, die giftige Speisen
mit Butter und Honig versüßen.
Komm mit Worten, die schön gebildet sind!
Komm mit Worten, die richtig bedacht sind!
Komm mit Worten, die fehlerfrei ausgewählt sind!
Sonst werden dir die Worte ein Berg auf der Seele sein!«

Menschen müssen sich erst mal über sich und dann über die anderen informieren, sich also Wissen aneignen, um Wege zueinander zu finden. Die Unterschiede kennenlernen, um an das Gemeinsame zu kommen. So ist es mit Kulturen, Religionen und Glaubensrichtungen.
Es ist wichtig, Werte und Normen fallenzulassen, die Menschen zu lieben, zu respektieren, zu akzeptieren und zu tolerieren, um den Weg zueinander zu finden. Menschen können nicht zueinander hinfinden, wenn sie ständig das Andere schlecht machen und mit Klischees herangehen.
Um Dialoge herzustellen, muß sich jeder erst mal kritisch, offen und ehrlich mit sich selber auseinandersetzen, erst dann ist man in der Lage, den anderen zu begegnen. Es muß ein ernsthaftes, wahrhaftes und ehrliches Interesse vorhanden sein, um Dialoge herzustellen und um zueinander zu finden. Man kann sich tausendmal zusammensetzen und tausendmal Seminare, Vorträge usw. machen. Wenn man die Bereitschaft, die Offenheit und die Sensibilität nicht hat und dem anderen die Liebe nicht entgegenbringt, wird sich da gar nichts ändern.
Alles Fanatische, Wertende, Unterdrückende, Isolierende und Hassende wendet sich von der Menschheit ab, stellt sich gegen die Natur und geht den eigenen egoistischen Weg. So ist es auch mit diesen Dialogen. Wenn die Menschen die Bereitschaft und die Offenheit nicht haben, nützt das alles gar nichts. Ich möchte mit den Worten des alevitischen Dichters Yunus Emre enden, der die Menschen zum Frieden einlädt:

»Kommt, laßt uns miteinander bekannt werden,
uns das Leben erleichtern,
lieben und geliebt werden.

Denn die Welt bleibt schließlich niemandem!«

oder:

»Nicht um zu kämpfen, kam ich,
sondern um Liebe zu verrichten,
Herzen sind des Freundes Haus,
Herzen aufzubauen, bin ich gekommen!«

»Wenn ich bete, fühle ich mich entspannt und gelassen, ich fühle, daß es mir Kraft gibt...«

Aysegül ist 32 Jahre alt und lebt seit 23 Jahren in Deutschland. Sie stammt aus Izmir in der Türkei und ist durch die Familienzusammenführung nach Deutschland gekommen. Sie ist ledig und arbeitet als Verkäuferin. Aysegül ist sunnitische Muslimin.

Für meine Eltern war die religiöse Erziehung nicht so wichtig. Sie haben weder mir noch meinen Geschwistern gesagt, daß wir in den Korankurs gehen müssen. Ich habe mich selber dafür entschieden. Mit zehn bis vierzehn Jahren habe ich den Koran gelernt. Später habe ich das total vergessen. Ich kenne jetzt nur noch einige Suren. Ich bete gründlich jede Nacht, bevor ich ins Bett gehe, das tut mir sehr gut. Auch meine Geschwister mußten nicht in die Moschee, sie haben das genau wie ich freiwillig gemacht.
Mein Interesse, mit zehn Jahren den Koran zu lernen, kam daher, daß die Nachbarskinder jeden Sonntag in die Moschee gegangen sind. Da wollte ich auch gerne hin. Meine Eltern waren nicht dagegen. Zuerst habe ich ca. ein bis zwei Jahre die Suren und anschließend Arabisch lesen gelernt. Später habe ich das aufgegeben, weil dieses Auswendiglernen mir nichts mehr nützte. Ich wollte mehr für die Schule tun, dazu brauchte ich auch die Sonntage. Ich habe mich auch für die Schule entschieden, weil ich mit dem, was ich in der Moschee gelernt hatte, auch so meine Gebete zu Hause machen konnte. Wenn ich mehr Interesse haben sollte, kann ich selbst den Weg finden. Und das ganze würde zwischen Gott und meinem Herzen liegen und nicht, um den Eltern oder anderen etwas zu beweisen. Es stört mich, den Koran zu lesen bzw. auswendig zu lernen oder aufzusagen, wenn ich es nicht wirklich verstehe.
Ich habe schon immer meinen Glauben gehabt, sonst hätte ich keine Lust gehabt, in die Moschee zu gehen. Meine Eltern haben sich natürlich gefreut, daß ich Interesse daran habe. Aber wie gesagt, habe ich mich selbst dazu entschlossen, in die Moschee zu gehen, und ich habe mich

auch allein entschieden, damit aufzuhören. Genau wie ich mich schon als Kind dafür entschieden habe, abends vor dem Einschlafen zu beten. Ich weiß heute gar nicht mehr, wann genau ich damit angefangen habe. Aber es war eine bewußte Entscheidung. Ich habe Suren auswendig gelernt, die ich dann, bevor ich ins Bett gegangen bin, aufgesagt habe. Ich habe für mich, für meine Familie und für meine Freunde gebetet. Ich denke, das tut mir gut, und es ist eine Befriedigung für mich. Glauben tut gut, ist besser als mit den Problemen ganz allein dazustehen.
Das Beten, das tut mir sehr gut. Ich fühle immer, daß eine Kraft in meinem Inneren ist. Wenn ich bete, wünsche ich für mich das Beste und denke dabei, daß es in Erfüllung gehen wird. Ich bin 32 Jahre alt. Ich habe vieles erlebt, auch viel Negatives, aber am Ende jeder negativen Situation habe ich gesehen, daß ich auf dem richtigen Weg war. Gott hat uns geschaffen und uns Gedanken gegeben, um zu denken. Ich denke, wenn man daran glaubt und sich immer durch Gebete das Gute wünscht, dann wird Gott nichts Schlechtes zulassen. Wir müssen nur selber etwas für uns tun. Allein durch diesen Glauben merke ich, daß ich am Ende mit meinen Entscheidungen immer das Beste und das Gute getroffen habe. Dann danke ich Gott. So sehe ich das. Wenn ich mich in mein Auto setze und z.B. zur Arbeit fahre, bete ich zuerst und mache danach Musik an. Es kann vieles passieren, z.B. ein Unfall auf dem Weg zur Arbeit oder während der Arbeit. Ich denke, daß ich durch meine Gebete noch aufmerksamer werde. Durch das Beten komme ich dazu, die Dinge zur Wahrheit zu bringen, richtig zu machen.
Im Ramadan faste ich. Wenn ich körperlich schwer arbeiten würde, würde ich nicht fasten. Vor einigen Jahren habe ich das nicht machen können, aber in diesem Jahr konnte ich fasten, weil ich wirklich keinen schweren Job habe. Es geht nicht darum, Gott irgendetwas zu beweisen, sondern ich kann mich dadurch selber prüfen. Ich glaube an diesen Fastenmonat. Und faste auch, um den armen Menschen eine Art Solidarität zu zeigen. Ich habe Geld in die Türkei geschickt, damit es unter den armen Menschen, die sich

nicht alles so leisten können, verteilt wird. In diesem Monat sollen diese Leute es ebenfalls so gut haben wie ich. Das Fasten wird gemacht, um selber dieses Hungergefühl zu erfahren. Ich mache das auch, damit ich nicht so viel konsumiere, und um mich später daran zu erinnern, daß ich nicht so viel konsumieren möchte.

In der Ramadanzeit esse ich kein Schweinefleisch, aber sonst schon. Auch zu Hause kaufe und koche ich kein Schweinefleisch, aber wenn ich mit meinen deutschen Freunden zusammen bin, die ich seit dreiundzwanzig Jahren kenne, und sie haben Pizza mit Schinken gebacken, dann ist das auch nicht so schlimm. In unserer Religion hat Mohammed uns das verboten, weil damals das Schweinefleisch von allen Fleischsorten als erstes schlecht wurde und sich dadurch Krankheitserreger verbreiten konnten. Aber in der heutigen Zeit, denke ich, sollte man auch kein Rindfleisch essen. Das ist so ähnlich wie damals mit dem Schweinefleisch. In der heutigen Zeit ist es nichts Schlimmes, Schweinefleisch zu essen. Das Schwein ist ein Tier, wie tausend andere Tiere, da können wir es auch aufessen. Auch das Weintrinken finde ich nicht so schlimm. Muslime dürfen keinen Alkohol trinken, weil damals vor vielen hundert Jahren einige Leute dadurch einfach ihren Glauben verloren, Frauen vergewaltigt und sich gegenseitig getötet haben. Aber wenn ich heute meinen Wein trinke, abends bevor ich ins Bett gehe, oder mir einen gemütlichen Abend mache oder bei Feierlichkeiten mit meinen Freunden Wein oder andere alkoholische Getränke trinke, mache ich das bewußt, d.h. ich trinke nur so viel, daß ich noch mein Bewußtsein habe. Ich kenne meine Grenzen, tue dabei weder anderen Menschen noch mir weh und füge auch niemandem Leid zu. Wenn ich sehr müde von der Arbeit komme und mit meinen Freunden noch etwas zu feiern habe, da fühle ich mich anschließend besser, lockerer und geselliger, wenn ich ein Glas Wein trinke. Warum soll ich das denn nicht tun? Wenn ich mein Maß einhalten kann und niemandem, auch mir selbst nicht schade, hat es mit Religion nichts zu tun. Dann läßt die Religion dies auch zu.

Meiner Meinung nach gehört das Tragen des Kopftuches nicht zu den religiösen Pflichten. Wenn man Frauen, die das Kopftuch tragen, danach fragt, warum sie es tragen, tun sie es oft nur, damit fremde Männer ihre Haare nicht sehen können. Denn die Haare einer Frau sind so erregend für Männer. Ich denke aber, wenn ein Mann mit seinem Gewissen nicht im Reinen ist und sich von schönen Haaren gleich erregt fühlt, ist das nicht ein Problem der Frauen, sondern ein Problem der Männer. So sehe ich das. Ich finde es nicht schlimm, wenn eine Frau schöne Haare hat, ein schönes Gesicht oder hübsch ist. Warum soll sie das verstecken? Das ist für mich unsinnig. Ich glaube auch nicht daran, daß es so im Koran steht, daß sich die Frauen verhüllen sollen. Das paßt den islamischen Männern so, deshalb legen sie den Koran so aus. Wenn ihnen etwas gelegen kommt, argumentieren sie damit und sagen dann, daß es im Koran so steht. Wer hat schon den Koran richtig übersetzt und weiß, daß es hundertprozentig so richtig ist. Das ist einfach nicht wahr, daran glaube ich nicht.
Ich glaube auch nicht, daß diejenigen Frauen, die Kopftücher tragen, gläubiger oder religiöser sind als die Frauen, die keine Kopftücher tragen. Es kann natürlich darunter Frauen geben, die das aus guten Glauben und mit gutem Willen tun. Aber das Kopftuch zu tragen und trotzdem über Nachbarn schlecht zu reden oder über andere schlechte Gedanken zu hegen, das gibt es auch. Sie können ihre Haare vielleicht bedecken und behaupten, daß sie religiös sind. Als Gläubige muß man zuerst das Herz von schlechten Dingen befreit haben, d.h. immer gutmütig und hilfsbereit zu anderen Leuten sein. Wenn man über den Nachbarn etwas Schlechtes gehört hat oder etwas Schlechtes gesehen hat, sollte man das halt nicht weitersagen. Im Gegenteil, in so einem Fall sollte man versuchen, dem anderen zu helfen, ihm den richtigen Weg zu zeigen und bei Lösungen von Problemen behilflich zu sein.
Ich selber habe keine Kontakte zu Moscheen, aber ich kenne einige Leute, die in die Moschee gehen. Ich bin nicht dagegen, aber ich finde es auch nicht in Ordnung, an

jeder Ecke Moscheen zu haben. Anstatt den türkischen Kindern und Jugendlichen mehr über die türkische Kultur zu zeigen, werden Moscheen hingestellt. Es gehen gerade dort viele Kinder und Jugendliche hin. Ich bin auch als Kind in die Moschee gegangen, um mehr von Islam zu erfahren, weil meine Eltern nicht so viel Wissen über den Islam haben. Sie haben wohl einiges von ihren Eltern mitbekommen, und so finden sie es richtig, und so tun sie es auch. Sie haben den Islam für sich akzeptiert und führen ihr Leben danach. Ich respektiere das.

Meine Mutter ist 57 Jahre alt und hat noch nie ein Kopftuch getragen. Sie will es auch nicht tragen. Aber Kinder und Jugendliche, die jetzt in die Moschee gehen, sind der Meinung, daß sie mehr Respekt vor den Frauen mit Kopftüchern haben und sie auch mehr akzeptieren als die Frauen ohne Kopftücher. Auch von den islamischen Männern werden die Frauen, die Kopftücher tragen, mehr akzeptiert und respektiert, weil sie gläubiger sind. Sie glauben, daß sie mit Frauen ohne Kopftuch machen können, was sie wollen. »Ach, die sind sowieso keine Gläubigen, mit denen können wir alles anfangen und sie dann wieder im Stich lassen.« Viele junge islamische Männer sehen mich als 32jährige, die noch ledig ist und abends ausgeht, was normalerweise nicht so zum Islam gehört. Befreunden würden sie sich zwar mit mir, aber heiraten würden sie mich nicht. Die Frau, die sie heiraten, muß rein sein, Jungfrau sein.

Ich habe noch nie ein Kopftuch getragen, auch damals nicht, als ich in die Moschee ging. Ich bin in Jeans hingegangen. Andere Mädchen und Frauen haben schon auf dem Weg dorthin ein Kopftuch getragen. Ich habe in der Moschee ein Kopftuch getragen, weil man sich innerhalb der Moschee nur rein aufhalten durfte. Aber ich habe es dort erst angelegt, nachdem ich mein Gesicht, meine Hände und meine Füße gewaschen hatte. Ich habe mein Kopftuch auch deshalb getragen, weil wir mit Jungs und jungen Männern zusammengesessen und gelernt haben. Das gehört sich so in der Moschee. Auch wenn ich eine Moschee in Istanbul besichtige, trage ich ein Kopftuch.

Ich finde die Treffen dort für Kinder und Frauen nicht so wichtig. Vor allem wenn falsche religiöse Meinungen, die nicht wirklich zum Islam gehören, in der Moschee mitmischen. Ich bin der Meinung, daß Politik und Religion zwei verschiedene Bereiche sind. Im Moment sind viele in der Türkei und auch hier, die sich in der Moschee aufhalten, gegen Atatürk oder überhaupt gegen Liberalität. Ich bin ein demokratischer Mensch. Ich bin, wie gesagt, nicht dagegen, daß jemand das Kopftuch trägt. Man sollte die Leute selber entscheiden lassen. So sehe ich das auch, wenn man als Kind zur Moschee geht. Zur Zeit ist es, glaube ich, so, daß die Kinder oder die Jugendlichen zuviel erzählt bekommen, und sie glauben dem Erzählten immer mehr. Unter diesen Umständen machen sie sogar Druck bei ihren Geschwistern zu Hause. Die Schwestern sollen das Kopftuch tragen, oder die Eltern werden unter Druck gesetzt. Ich habe es selbst miterlebt, daß es in einer Familie ständig Streit gegeben hat, weil eine Tochter das Kopftuch getragen hat und die anderen beiden Töchter nicht. Das Mädchen mit dem Kopftuch hat so fest daran geglaubt, daß man ab so und soviel Jahren ein Kopftuch tragen muß, daß sie die anderen Schwestern ständig unter Druck gesetzt hat. Eben so etwas finde ich nicht in Ordnung. Man sollte sich frei entscheiden können. Ich glaube auch nicht, daß in den Moscheen heute alles demokratisch abläuft. Nach außen scheint es so, aber irgendwie tricksen sie.

Die Treffen unter den Frauen in den Moscheen finde ich auch nicht unbedingt notwendig. Ich meine, zu Hause können sie sich auch treffen. Meine Mutter hat z.B. eine Gruppe, in der sich die Frauen abwechselnd jeden Donnerstag zu Hause treffen und ihre Gebete zusammen machen. Die Frauen, die das können, lesen aus dem Koran, anschließend wird auch gebetet und über den Islam geredet. Aber es geht niemals darum, daß der Islam ein Land regieren soll. Religion und Staat sollen getrennt sein. Meine Mutter hat es gern, sich mit einem konkreten Ziel zu treffen, z.B. dem Ziel zu beten. So müssen sie nicht jedesmal in die Moschee gehen.

Auf der Arbeit habe ich mit einigen Frauen über den Islam gesprochen, weil ich gefastet habe. Ich habe ihnen erzählt, warum ich faste, was meine Aufgaben als muslimische Frau sind. Das haben sie akzeptiert. Ich habe ihnen erzählt, daß ich auch deshalb faste, weil ich nachempfinden möchte, wie das Hungergefühl ist, damit ich den armen Menschen nachfühlen kann. Und wenn ich zwanzig Mark in der Tasche habe, lege ich zehn Mark für die Armen zur Seite. Das ist mein Selbstverständnis als muslimische Frau. Meine Kolleginnen sehen jetzt die Bedeutung des Islam im Gegensatz zu früher. Es ist meine Aufgabe als Muslimin, den Islam verständlich zu machen. Eine Kollegin erzählte mir von früher, als sie am Fließband gearbeitet hat und viele türkische Mitarbeiter zwischendurch verschwunden sind, um zu beten. Darüber haben sich die anderen beschwert, weil sie damit nicht zurechtkamen während der Bandarbeit. Dann wurde ich von meinen Kollegen gefragt, warum ich nicht fünfmal am Tag bete. Ich möchte nicht auf der Arbeit beten, habe ich gesagt, Wir müssen nicht beten, wenn wir arbeiten. Warum sollen wir unsere Arbeit vernachlässigen? Der Islam ist gegen Faulheit und gegen Unreinheit. Für mich bedeutet es Bewegung, sich fünfmal am Tag zu waschen und zu beten. Bei mir ist es so: Wenn ich bete, fühle ich mich entspannt und gelassen. Ich fühle, daß es mir Kraft gibt. Ich fühle, daß dieses Gefühl mir die Kraft gibt, mehr für mich zu tun, mehr für mich zu arbeiten, Geld zu verdienen, um besser leben zu können. Das ist für mich wie Sport oder Bewegung, ich tue etwas für mich. Heutzutage ist es, finde ich, blödsinnig, wenn man die Arbeit liegen läßt, um zu beten und die anderen Mitarbeiter währenddessen doppelt soviel arbeiten müssen, das ist nicht okay. Deshalb muß ich nicht fünfmal am Tag beten. Sauber bin ich ja sowieso. In der heutigen Zeit ist es ja so, daß man fast jeden Tag unter die Dusche geht.
Ich sehe keinen Unterschied zwischen meiner Mutter und mir. Bei vielen Jugendlichen und Kindern hier sehe ich, daß sie Konflikte haben, wenn ihre Mütter Kopftücher tragen und mit Kopftüchern irgendwo erscheinen. Ich habe

sogar bei einer Freundin erlebt, daß sie ihre Mutter nicht zu ihrem Geburtstag eingeladen hat, weil sie seit ein paar Monaten das Kopftuch trug. Ich würde mich nicht gegen meine Mutter stellen, wenn sie jetzt freiwillig das Kopftuch tragen würde. Wenn sie z.B. sagen würde: »Kind, ich bin jetzt 57 Jahre alt, und ich glaube an den Islam, und warum soll ich mir immer noch die Mühe machen, mir die Haare zu färben? Ich finde es schön, wenn ich fünfmal am Tag bete und die rituellen Waschungen vollziehe, ich möchte Fremden meine Haare nicht zeigen.« Das wäre für sie dann ein Ziel in ihrem Leben, und sie hätte etwas zu tun. Wenn sie sich entscheiden würde, fünfmal am Tag zu beten, wäre das schon irgendwie ein Zeitvertreib. Sie könnte sich damit ablenken, entlasten von den Gedanken an die Vergangenheit. Fünfmal am Tag würde sie von Gedanken wegkommen, die mit Problemen beladen sind. Sonst würde sie sich, wie sie das jetzt auch tut, mit Hausarbeit und Handarbeiten beschäftigen. Sie ist sehr gern in der Küche, führt dort Selbstgespräche und denkt an die Vergangenheit. Sie erinnert sich aber auch an die negativen Dinge und macht sich Sorgen. Und dann geht es ihr nicht gut. Sie sollte das nicht tun, tut es aber trotzdem. Wenn sie sich mehr Zeit für das Beten nehmen würde, könnte sie sich entspannter fühlen. Das sollte sie machen. Da hätte ich nichts dagegen.

An die Gleichberechtigung von Männern und Frauen in der Religion glaube ich nicht. Ich bin dagegen, überhaupt von Frauenrecht oder auch von Männerrecht zu sprechen. Über Menschenrechte denke ich allerdings anders, darüber muß man sprechen und mehr dafür tun. Aber von Natur aus sind die Männer stärker im Körperbau. Daran können wir nichts ändern, auch wenn wir dafür trainieren, können wir nie so einen starken Körper haben, solche Kraft haben. Aber das bedeutet für mich nicht, daß die Männer auch mit ihren Gedanken etwas besser tun können als wir Frauen. Wenn wir zu Hause sitzen, und ein großer Teil unserer Frauen ist zu Hause, und der Mann von der Arbeit kommt, soll er dann auch noch den Haushalt machen? Da bin ich dagegen. Das ist keine Gleichberechtigung. Dann sollte die

Frau etwas tun. Wenn beide arbeiten, sollten sie sich auch die Arbeit zu Hause teilen, so sehe ich das. Aber der Glaube, daß die Männer etwas besser können als die Frauen, oder daß sie zu Hause herrschen müssen, daran glaube ich nicht. Ich bin auch dagegen, daß Frauen mit gleicher Qualifikation für die gleiche Arbeit weniger Geld bekommen als die Männer. Solche Situationen finde ich nicht in Ordnung.
Im Islam heißt es angeblich, daß beim Gericht die Aussagen von zwei Frauen genauso viel gelten wie eine männliche Aussage. Ich denke, das kann nicht wirklich im Islam so sein. Ich meine, wir Frauen sind von Natur aus emotionaler als Männer, was auch nicht unbedingt schlimm ist. Daß wir Frauen nicht unbedingt jemanden von der schlimmsten Seite betrachten wollen, denke ich, führte zu dieser Aussage. Ich kann es mir nicht vorstellen, daß ich, auch wenn ich mir ganz sicher bin, noch eine zweite Zeugin brauche, damit meine Meinung gültig wird.
Ich finde es verkehrt, wenn sich heutzutage Männer mehrere Frauen nehmen. Früher haben die Männer mehrere Frauen genommen, aber da gab es ja auch Kriegszeiten. Frauen, deren Männer im Krieg gefallen waren, standen mit ihren Kindern ohne Geld, ohne Unterhalt und ohne Unterkunft da. Sie mußten irgendwie untergebracht werden, um etwas zu essen zu haben, um weiterzuleben. Die Frauen durften erst dann im Haus eines Mannes leben, wenn sie nach islamischem Recht verheiratet waren. So kam es, daß die Männer mit drei, vier Frauen im Hause lebten. Aber heutzutage könnte ich mir das gar nicht mehr vorstellen.
Ich würde meinen Kindern alles, was ich über den Islam weiß, vermitteln, aber sie sollen sich selber entscheiden. Ich weiß nicht viel über das Christentum. Wenn sie sich für eine andere Religion entscheiden, sollen sie sich eine aussuchen oder sagen, daß sie an nichts glauben möchten. Das respektiere ich dann auch. Mein Kind soll nicht unbedingt religiös sein. Es soll sich selber entscheiden. Ich denke, daß die Religion für die Identitätsfindung nicht so entscheidend ist. Ich glaube schon, daß es in Deutschland

schon eine große Rolle spielt, sich bewußt dafür zu entscheiden, die Religion auszuüben. Meine Mutter ist z.B. seit einem Monat in der Türkei. Sie fühlt sich sehr wohl mit ihren Nachbarn, und durch das Klima in der Türkei geht es ihr besser als hier in Deutschland. Hier in Deutschland war sie so allein und verlassen. Nach dem sie Rentnerin wurde, war sie nur noch zu Hause. Um ihre Freundinnen besuchen zu können, mußte sie immer sehr weit fahren, weil sie so weit von ihr entfernt wohnen. Hier in unserer Umgebung gibt es keine Türkinnen. Ich glaube, die Leute hier in Deutschland, so wie meine Mutter, fühlen sich ein bißchen verlassen von ihren Verwandten und von den eigenen Kindern, wenn sie hier aufgewachsen sind. Denn sie sind selbstbewußter, stehen auf ihren eigenen Füßen. In einem bestimmten Alter haben sie Arbeit, einen Beruf und gehen dann einfach früher weg von der Familie als in der Türkei. In der Türkei ist es so, daß die Kinder bis zur Heirat in der Familie bleiben, aber das ist hier ja nicht der Fall. Wenn die Frauen dann zu Hause nichts zu tun haben und sich allein und verlassen fühlen, weil sie keine Arbeit mehr haben, fangen sie an, fünfmal am Tag zu beten und in der Ramadanzeit gehen sie jeden Abend in die Moschee und tragen Kopftücher. In der Türkei ist es da nicht so.
Bei der Frage, ob Religion die Integration hemmt oder sie unterstützt, denke ich, wenn ich wie alle anderen das Kopftuch trüge, fünfmal am Tag auf der Arbeit beten würde und somit die anderen doppelte Arbeit machen müßten, würde das dann natürlich zu einer Auseinandersetzung führen. Die Moscheen hier versuchen durchzusetzen, daß der Muezzin fünfmal am Tag zum Gebet ruft. Ich denke, das muß nicht sein. Das bedeutet wieder Auseinandersetzung, da viele Deutsche das bestimmt nicht wollen. Das führt zur Ausgrenzung der Muslime. Anstatt sich zu integrieren, sich gegenseitig zu akzeptieren, wird dies zu Ablehnung und Ausgrenzung führen.
Ich habe viele Kontakte zu Christen. Ich habe viele deutsche Freundinnen. Ehrlich gesagt, reden wir gar nicht über Religion, sei es Christentum oder Islam. Aber wir sind gut

befreundet und akzeptieren uns gegenseitig als Menschen. Ich habe z.B. eine Freundin, die wollte den »Heiligen Abend« mit mir verbringen, weil sie mit ihrer Tochter allein lebt. Da habe ich mitgemacht. Ich mache inzwischen meinen Neffen auch Weihnachtsgeschenke, damit sie sich nicht als Außenseiter oder von ihren Mitschülern isoliert fühlen. Die christlichen oder deutschen Kindern erzählen in der Schule, daß sie sich das und dies gewünscht haben, daß sie das und das bekommen haben. Und warum sollen unsere Kinder, die hier leben, das nicht mitmachen? Denn so fängt das an, daß sie sich integrieren können und zusammen aufwachsen. Kinder sind Kinder, die sollen genauso behandelt werden, wie alle anderen Kinder auch. Und wie ich schon vorher gesagt habe, sollen die Kinder sich selber entscheiden, woran sie glauben. Ich bin nicht dagegen, wenn man Christ ist oder Ungläubiger. Ich habe Freunde, die sind ungläubig. Einige meiner türkischen Freunde haben überhaupt keinen Glauben. Ich habe nicht so viele Probleme damit. Wenn da Vorurteile auftreten, erkläre ich das und dann ist es okay. Ich habe in dieser Richtung auch keine schlechten Erfahrungen gemacht.
Es sollten gemeinsam Bemühungen und Energien für einen Dialog eingebracht werden, um die Klischees auf beiden Seiten zu beheben. Die Menschen sollten dem Christentum oder dem Islam nicht mit Blindheit begegnen, z.B. mit der Meinung, daß der Islam nur aus dem Kopftuch besteht. Gemeinsam, brüderlich und schwesterlich sollten diese Probleme und Vorurteile angegangen werden. Ich glaube, das ist von allen gewollt. Ich kann mir vorstellen, daß das in Form eines Gespräches stattfinden kann. Ich glaube auch, daß die Christen dazu bereit sind. Anstatt blind an ein Buch zu glauben, das vor Jahrhunderten geschrieben wurde, sich an dessen Richtlinien zu halten, sollte man schauen, wie man gemeinsam leben kann. Sogar unser Prophet Mohammed sagte, daß die Menschen sich an die gegebenen Zeiten anpassen sollen.
Ich sehe den Koran als ein wissenschaftliches Buch an. Ich sage nicht, wenn ihr das so macht, ist es eine Sünde. Der Gott hat uns geschaffen, hat uns Intelligenz und Klugheit

gegeben und dies sollen wir für die guten Dinge, für die gesamte Menschheit einsetzen. Die Wissenschaftler haben sich mit dem Koran auseinandergesetzt, und sie haben festgestellt, daß das Wissen, was drin steckt, unendlich ist. Ich sehe in so einem Dialog zwischen Moslems und Christen eine Chance. An diesem Gespräch sollten nicht nur Wissenschaftler oder Gläubige teilnehmen sondern auch Nichtgläubige. Vielleicht können die Nichtgläubigen in so einem Dialog auch gute Beiträge geben und vielleicht selbst zu einem Glauben finden. Der Glaube erleichtert die Seele des Menschen, schafft Zufriedenheit und einen Ausgleich. In meinem Leben stand ich oft vor Abgründen, jedesmal hat mich eine Kraft daraus gezogen. Diese Kraft gab mir Gott, an seine Existenz glaube ich. Daran zu glauben erleichtert mich, gibt mir Mut und Hoffnung. Ich meine damit, auch wenn ich wüßte, daß Gott nicht existiert, täte ich so, als ob es ihn gäbe. Das gibt mir Hoffnung und Kraft. Die heutigen Ungerechtigkeiten, die Unterdrückung der Frauen, was angeblich aus dem Koran hervorgehen soll, das finde ich nicht in Ordnung. Ich bin total gegen diese Meinung. Es ist wichtig, die Übersetzungen zu lesen, die sich gut und genau damit auseinandersetzen und nicht einfach alles zu glauben, was man liest und hört. Es ist wichtig, kritisch mit dem Wissen umzugehen. Ich möchte mich damit auseinandersetzen. Ich möchte gute Bücher darüber lesen, kritisch damit umgehen und mir dadurch mehr Wissen aneignen. Ich hoffe, daß ich das eines Tages schaffen und erreichen werde. Ich kann leider kein Arabisch, deshalb betrachte ich Übersetzungen des Koran sehr kritisch. Trotzdem habe ich mir vor einiger Zeit die Übersetzung einer Sure angehört. Da ging es um ein Naturwunder. In Skagen treffen zwei Meere zusammen, auf der einen Seite Süßwasser und auf der anderen Seite Salzwasser. Sie vermischen sich nicht. Darüber wurde schon vor ein paar Jahren von Wissenschaftlern, die das untersucht haben, in Zeitungen berichtet. So etwas steht auch im Koran. Sogar in der Bibel soll über dieses Naturwunder etwas stehen. Die Wissenschaftler können nicht erklären, wie so etwas funktioniert.

Ich wünschte, ich könnte Arabisch verstehen und den Koran ohne Übersetzung lesen und verstehen. Der Koran hat für die Wissenschaft eine große Bedeutung. Leider wird der Koran oft falsch übersetzt und ausgelegt. Das wird vor allem von den Muslimen selber gemacht, wo dann Aussagen über die Frauen entstehen, die die Menschen später auch ausführen wie z.B. die Beschneidung oder gar Steinigung von Frauen. Das sind schreckliche Dinge. Frauen werden innerhalb der Familie von Familienmitgliedern vergewaltigt und dafür auch noch verantwortlich gemacht. Die Frau bekommt die Schuld, sie wird gesteinigt und getötet. Solche Dinge haben im Islam keinen Platz. Im Gegenteil, im Islam, weil die Frau von Natur aus körperlich nicht so stark gebaut ist, müssen die Männer sie beschützen, sanft und gut mit ihnen umgehen. Sie dürfen nicht grob behandelt werden. Der Frau wird im Koran eine hohe Stellung gegeben, daran glaube ich, aber es steht nicht darin, daß man die Frau schlagen darf. Die Natur der Frauen für den eigenen Vorteil, den eigenen Nutzen zu mißbrauchen, darin zeigt sich die schwächste, die minderwertigste und die ekelhafteste Seite der Männer. Sie legen das so aus, wie es ihrem eigenen Zweck am besten dient. Das ist überall auf der Welt so. Auch die Religionen werden entsprechend ausgelegt, sei es nun im Christentum, im Islam oder in anderen Religionen.

»Mit Kopftuch komme ich weiter als ohne«

Aysel ist 23 Jahre alt und in Deutschland geboren. Ihre Eltern stammen aus der Türkei, aus Sakarya. Aysel ist vor einem Jahr von Bielefeld nach Bremen gezogen und studiert hier Germanistik und Politik auf Lehramt und Pädagogik auf Diplom. Sie ist ledig. Die Auseinandersetzung sowohl mit der eigenen Religion als auch mit anderen Religionen und ihre eigene Weiterbildung hält sie für ihre religiöse Pflicht.

Ich bin eine muslimische Frau. Ich bin Sunnitin, und ich würde mich als religiös bezeichnen. Bei uns zu Hause war eine religiöse Erziehung schon sehr wichtig. Mein Vater lebt schon seit 32 Jahren in Deutschland. Damals hatten sie keine eigenen Räume. Er hat viel Wert darauf gelegt, daß er seine Religion nicht vergißt. Irgendwie gab es da eigene Ghettos, sozusagen. Es war wichtig, bloß die Religion nicht zu vergessen, bloß die Kultur nicht zu vergessen. Wichtig war zunächst einmal das Zusammenleben, sich erst mal zurechtfinden, dann erst die fremde Sprache zu lernen, und erst dann mit Deutschen in Kontakt zu kommen. Bis heute scheint das alles ja nicht so toll zu klappen.

Meine Erziehung war genauso. Also, was heißt genauso, ich bin nicht abgeschirmt worden, aber ich habe eine religiöse Erziehung bekommen; darauf haben meine Eltern Wert gelegt. Auf die kulturellen Werte haben sie sehr viel Wert gelegt, und ich habe sie nicht verloren. Ich finde das sehr gut. Sonst hätte ich vielleicht heute auch eine Identitätskrise wie ganz viele junge Leute. Und die hab ich, Gott sei Dank, nicht, dank meiner Religion.

Dann hab ich mich in der Schule für den Islam sehr interessiert. Ich kannte den Islam, aber einige Sachen wußte ich nicht so genau. Z.B. die Rechte der Frauen, wie weit sie gehen. Ich habe mich mit dem Islam dann näher beschäftigt und gleichzeitig mit dem Christentum. Ich habe angefangen, in der Schule am Religionsunterricht teilzunehmen, in einer gemischten Klasse, also katholische und evangelische Schüler zusammen. Ich habe da halt den Religionsunterricht mitgemacht, zwei Jahre lang, um mich damit auseinanderzusetzen. Und in späteren Jahren, in meiner Abizeit, habe ich mich auch mit anderen Religionen, mit dem Buddhismus und mit dem Hinduismus, auseinandergesetzt, um zu gucken, was es in anderen Religionen so gibt. Ja, und dadurch ist mir klarer geworden, wie meine Religion strukturiert ist, worauf sie basiert. Da bin ich meiner Religion sehr, sehr nahe gekommen, also noch näher als vorher.

Ich war mal in Istanbul und habe da fünf Wochen gelebt, ohne irgendwelche Bekannten zu haben, einfach so. Das war eine Metropole für mich, in der ich noch nie war. Ich hab da gemerkt, daß die Unterschiede nicht so groß sind, obwohl die Türkei ein islamisches Land ist, was sich auch als laizistisch bezeichnet. Und das siehst du auf der Straße einfach; ich wurde angerempelt, und hier ist es nicht anders. Wenn ich als Kopftuchträgerin anfange Deutsch zu sprechen, dann wundern die sich, daß ich Deutsch spreche. Und wenn ich dann erzähle, daß ich studiere, ja, dann fallen sie von ihren Stühlen. Das ist schon ziemlich schwierig. Obwohl, wie gesagt, die Leute seit dreißig Jahren hier leben und alltäglich Frauen mit Kopftüchern auf der Straße laufen, ist so ein Klischee verhaftet, daß man schon etwas zurückgebliebener sein muß als die anderen Frauen, etwas rückschrittlicher, etwas naiver, zum Teil auch richtig doof halt in der Birne, und daß Frauen mit Kopftuch nichts zustandebringen. So, als ob die Frauen eigentlich eine Nebenrolle spielen, und sozusagen wie Sklavinnen betrachtet werden. Zum Teil sehe ich solche Vorurteile. Also ich hab sehr viele negative Erfahrungen gemacht, das muß ich schon so sagen.

Und wie mein tägliches Leben so aussieht, was den Islam betrifft? Ich bin ganz normal. Ich bin eine Kopftuchträgerin. Ich halte mich an die religiösen Vorschriften des Islam. Ich bete fünfmal am Tag, ich versuche zumindest zu beten; an der Uni klappt das nicht immer, dann muß ich zu Hause nachbeten. Ich faste im Ramadan. Und ich versuche, meine Rechte als Frau zu beschützen, die Rechte der anderen auch. Und dann mache ich einiges, indem ich studiere. Das gehört für mich mit dazu. Das Studium ist mit

ein Teil der Religion, eben, daß ich mich weiterbilde. Ich verbringe die Feiertage mit meiner Familie, davon halte ich sehr viel. Ich versuche die Kinder zu beschenken, das gehört auch noch dazu, meiner Meinung nach, obwohl es in Deutschland ein bißchen anders aussieht als in der Türkei. Ich denke, daß ich meinen religiösen Verpflichtungen nachkomme. Ich strebe das zumindest an.
Ich hab zwar mit dreizehn angefangen, das Kopftuch zu tragen, aber das war eine Sache für mich, also diese Pubertätszeit und was da dann alles so passiert, ganz viel halt. So mit achtzehn hab ich mich fest dazu entschlossen. Als ich mit dem Abi anfing, habe ich gesagt, so, jetzt reicht es. Ich setz' mein Kopftuch nicht ab und zu ab, sondern ich trage es auch in der Schule. In meiner damaligen Schule durfte ich es nicht tragen, da hab ich die Schule gewechselt. Ich konnte nicht mehr, einmal mit Kopftuch und einmal ohne Kopftuch, da hab ich Gewissensbisse gehabt. Ich dachte, entweder hast du eine Religion und stehst dazu, oder du sagst, ich stehe nach außen nicht dazu, und dann mußt du es ganz abnehmen. Nach den ganzen Quälereien innerlich, in mir, habe ich gesagt, das gehört zu mir. Das ist ein Teil von mir, ich will es jetzt tragen. Und dann hab ich meine ganze Garderobe erneuert. Ich hab meine kurzen Röcke, meine Hosen oder was ein bißchen anders aussah, alles vernichtet. Zu der damaligen Zeit war es für mich notwendig. Ich meine, heute ziehe ich zu Hause vielleicht Miniröcke an, aber damals konnte ich es nicht. Ich mußte mich erst mal besinnen und mich damit abfinden. Dann habe ich angefangen, Kopftuch zu tragen, mit achtzehn, aber so richtig, mit langen Röcken, mit langen Ärmeln. Und es war ganz anders, es war eine andere Atmosphäre als vorher. Ich kannte die Atmosphäre vorher auch, weil ich in der Schule kein Kopftuch getragen habe. Und ich sah wirklich ohne Kopftuch nicht schlecht aus. Ich habe sehr viel Wert auf mein Äußeres, auf meine Kleidung gelegt. Und ich dachte, schaffst du das denn jetzt auch, und ich hab es bislang sehr gut geschafft, denke ich.
Man muß das auf jeden Fall aus eigener Überzeugung machen. Also mit Aufdrängen oder Aufzwingen kann man

es nicht. All die Freundinnen, die ich zur Zeit habe, die haben mit achtzehn angefangen, das Kopftuch zu tragen. Und es war wirklich aus freien Stücken, sie haben es sich selbst gewählt. Einige haben zu Hause immer noch Schwierigkeiten, weil die Eltern dagegen sind. Aber die haben sich durchgesetzt, die haben sich dafür entschieden. Und meiner Meinung nach sollte man das freiwillig machen. Mit Druck und so, das klappt nicht. Ich finde, das haftet dann nachher am Islam. Man sollte das vermeiden, man sollte das wirklich freiwillig machen.
Ich denke, wenn die Erziehung von Anfang an richtig ist, dann hat man die Zeit nicht, wo man denkt: Soll ich mich für das Kopftuch entscheiden oder nicht? Wenn die Erziehung wirklich von Anfang an sitzt, dann kommt das automatisch. Ich sehe das an meiner Nichte. Da ist das ganz anders. Sie hat nicht die Probleme, die ich hatte, weil die Erziehung von klein an wirklich saß. Ich meine damit, daß meine Schwester das so gehandhabt hat, daß sie ihre Religion richtig lernt zu Hause und auch in der Moschee. Und falls sie Fragen hatte, haben wir uns immer ausgesprochen. Und wir haben dann mit ihr zusammen recherchiert. Und dann hab ich sie mitgenommen, wenn ich unterwegs war, wenn was Wichtiges war, so daß sie da einen Eindruck bekommt vom Islam. In der Moschee hat sie einen sehr guten Hodscha. Der ist etwas jünger und geht auf seine Schüler ein, unterhält sich mit denen. Es wird über den Alltag gesprochen. Nicht immer nur über Religion. Sie sprechen auch über die Rechte der Frau oder über das Familienleben im Islam. Mittlerweile ist es so, daß meine Nichte, sie ist erst zwölf, wird demnächst dreizehn, schon ein Kopftuch trägt. Meine Schwester hat ihr auch gesagt, daß sie das nicht machen muß. Aber sie hat gesagt, sie hätte sich dafür entschieden, weil es ihr gefällt. Wenn sie irgendwann mal das Kopftuch abmachen möchte, weil sie es nicht mehr tragen kann, psychisch oder so, dann kann meine Schwester sie nicht daran hindern. Wahrscheinlich wird ihr das sehr schwer fallen, weil sie es seit einigen Jahren trägt. Und ich denke, sie hat sich schon dafür entschieden. Ich merke es immer wieder an ihr. Sie kennt ihre Rechte.

Wir gehen mit ihr zusammen schwimmen. Wir unternehmen sehr viel, so daß sie auch sehen kann, daß der Islam uns nicht einschränkt. Zu meiner Zeit war das ganz anders. Wir durften nicht schwimmen gehen unter Frauen. Wir konnten keinen Sport machen. Heute gibt es so viele Zentren, wo nur für Frauen Sport angeboten wird. Es wird so viel unternommen mit anderen Frauen. Das sieht sie halt, daß sie wirklich frei ist. Was will sie noch mehr, wenn sie alles machen kann? Nur, daß sie eine Kopftuchträgerin ist. Ich selber besuche seit zwei Jahren nicht mehr regelmäßig die Moschee, weil ich sehr viel lernen muß für mein Studium. Ich hab mal Moscheen besucht, in Bielefeld, aber nicht in Bremen. In Bremen war ich mal da, im Ramadan. Ich weiß wohl, daß sie hier Veranstaltungen haben, Frauenveranstaltungen. Da treffen sich junge Frauen, unterhalten sich über den Islam, z.B. wie der Ramadan gekommen ist, was er ist. Und dann essen sie zusammen. Außerdem gibt es noch Frauenverbände, glaube ich, denen dann Mädchenverbände angeschlossen sind. Die Moschee ist sozusagen der Ort, wo man all die Freunde trifft, die man im Alltag nicht sieht, weil jeder arbeitet und andere Verpflichtungen hat. Aber in der Moschee sieht das ganz anders aus. Die Atmosphäre ist etwas lockerer. Und es liegt etwas in der Luft. Ich weiß nicht, was es ist, aber da ist so ein Zusammenhalt, so ein Gefühl von Liebe und Verbundenheit unter den Leuten, finde ich. Ich finde es sehr wichtig, daß die Leute die Moscheen besuchen, weil, wie gesagt, sie sich sonst nicht sehen und es sonst keinen Zusammenhalt gibt unter den Muslimen. Andersherum ist die Verpflichtung, in der Moschee zu beten, auch vom Religiösen her wichtig. Aber wenn ich mir die Zeit des Propheten ansehe, da war die Moschee nicht nur ein Ort, wo man sich zum Gebet getroffen hat, sondern war gleichzeitig eine Bibliothek. Die Moschee war außerdem ein Kongreßsaal, wo man Gäste empfangen hat, oder wo man Hochzeiten gefeiert hat, und wo ganz viele andere Sachen stattfanden. Eine Moschee heute sollte in meinen Augen auch so eine Funktion haben. Daß man nicht nur stur hingeht und betet und dann wieder nach Hause zurückgeht.

Ich arbeite seit einem Jahr in einem islamischen Institut mit. Ich war zuerst etwas passiver, um erst mal die Leute kennenzulernen und so. Mittlerweile versuche ich, etwas aktiver zu werden. In Bielefeld hatte ich keinen Kontakt zu einer Moschee, aber wir hatten eine eigene Clique, mit der haben wir sehr viel unternommen. Wir hatten nicht die Möglichkeit, in eine Moschee zu gehen, weil es in einigen Moscheen nicht gern gesehen wird, daß Frauen und Männer zusammenarbeiten. Da haben wir uns entschlossen, unter uns zu bleiben und mit der Clique etwas zu machen. Es war schon sehr wertvoll für uns, daß wir uns weiterbilden konnten, von uns aus. Und nicht irgendwie gebunden an eine Moschee oder so, sondern daß wir uns selber die Themen vorschlugen, um uns in dem Feld dann gegenseitig zu bereichern. Und das haben wir dann unter uns auch gemacht, und es hat gut geklappt.

Zum Studieren bin ich nach Bremen gekommen. Ich lebe hier auch allein. Und wenn ich das einigen Leuten an der Uni sage, dann fragen sie: Wie klappt das denn? Und dann sage ich, ganz einfach, genauso wie bei euch. Eine Frau kann doch allein leben, studieren, ohne Eltern, und allein wohnen. Ich sage dann, daß es das auch im Islam gibt. Die Religion hindert mich nicht daran. Wenn es Hindernisse gibt, dann sind es höchstens die Traditionen. Von meiner Religion aus habe ich sehr viele Freiheiten. Die Traditionen engen mich irgendwo ein. Dann versuche ich zu erklären, warum ich das so gemacht habe, was meine Eltern dazu sagen. Gott sei Dank habe ich sehr tolerante Eltern, die mich unterstützen. Ab und zu zeigen die eigenen Eltern das nicht, aber ich weiß, daß sie mir sehr helfen. Ich werde finanziell von meinen Eltern unterstützt. Ich hab alles, was eine Studentin so haben könnte, sogar ein Auto, also irgendwie schon sehr luxuriös. Und meine Umgebung unterstützt mich auch sehr. Ich bin die Einzige in meiner Familie in Deutschland, die einen Aufbruch gemacht hat, die draußen studiert, als Frau. Und ich bin schon auch ein Beispiel für andere. Mittlerweile ist es so, daß auch andere Frauen, z.B. meine Cousine, sich entschließen, das Abitur zu machen und zu studieren. In der Türkei wäre das kein Thema. Viele von meinen Cousinen haben woanders studiert. Das fällt in der Türkei etwas leichter als in Deutschland. Obwohl es ja eigentlich umgekehrt sein müßte, weil die Eltern kennen ja auch dort nicht alle. Aber hier in Deutschland ist ja sozusagen alles etwas fremd. Ich denke mal, meine Eltern sind in der Hinsicht auch sehr tolerant. Vielleicht liegt es auch daran, daß ich religiös bin. Weil ich dazu stehe, was ich mache. Sie wissen ganz genau, sie können sich hundertprozentig auf mich verlassen. Sie wissen, daß ich es richtig mache. Aber auch, wenn ich keine Kopftuchträgerin wäre, hätten sie mich trotzdem gelassen, weil ich so eine innere Überzeugung habe, die ich auch nach außen ausstrahle, glaub ich. Ich bin sehr froh darüber. Manchmal denke ich, mit meinem Kopftuch komme ich viel mehr voran, als ich es ohne Kopftuch schaffen würde. Ich sehe das hier an meiner Umgebung, an der Uni. Viele sind zwar keine Kopftuchträgerin, aber die sind irgendwo immer eingeschränkt. Ich weiß auch nicht, ich empfinde das so.

Muslimin zu sein, heißt für mich in erster Linie, daß man mich als Mensch betrachten muß. Meine Basis beruht auf Menschlichkeit. Eine Muslima muß menschlich sein, freundlich sein. Und sie sollte ihren religiösen Verpflichtungen nachkommen, es zumindest anstreben, ein Vorbild für andere sein. Aber dabei muß man sehr vorsichtig sein. Ein Vorbild zu sein für andere heißt nicht, daß sie ihre Nase hoch trägt und sich für etwas Besseres hält als die anderen. Sie sollte wirklich sehr, sehr freundlich sein und offen. Sie muß sich je nach Situation einordnen können und unterordnen und überordnen, kommt jeweils darauf an. Und sie muß vor allen Dingen, denke ich, studieren, das gehört mit dazu, weil das Studium etwas sehr Wichtiges ist, durch das man seinen Horizont erweitern kann. Das gehört alles, nach meiner Meinung, auch zu den religiösen Tätigkeiten. Weil es im Koran ein Aja (Vers) gibt, der vorschreibt, daß Frauen und Männer sich bilden sollen. Und diese Bildung bezieht sich halt auf die Bildung, die Mann und Frau im Studium erlangen können.

Ich denke, daß es, was so das Selbstverständnis als Muslim betrifft, schon einen Generationsunterschied gibt. Ich glaube, den gibt es immer zwischen den Generationen, auch bei den Deutschen. Die Erziehung zu Hause würde ich etwas anders handhaben, als meine Eltern es gemacht haben. Ich habe sehr viel für mich selber herausgeholt aus dem Islam, sehr viel auch, was meine Rechte betrifft. Wenn sie argumentiert haben, ich darf das nicht tun, dann hab ich ihnen entgegengehalten: Aber im Koran steht das so. Und wenn Gott mir diese Rechte zugesteht, dann könnt ihr mich nicht daran hindern. Und das ist auch ganz gut gelaufen, meine Eltern haben das akzeptiert.
Im Islam sollte die Frau auf die eigenen Füße fallen können. Die Frau sollte so weit sein, daß sie sagen kann: »Ich bin unabhängig. Ich kann tun, was ich richtig finde. Ich bin frei und beanspruche meine Rechte für mich. Dabei ist wichtig, daß ich überhaupt akzeptiert werde.« Aber ich hab vorhin noch an etwas anderes gedacht, daß es wichtig ist, den eigenen Horizont zu erweitern. Ich denke, die Emanzipation ist nicht viel anders als bei den Deutschen. Vielleicht habt ihr euch das ja auch abgeschaut, wer weiß. Jetzt, wo ich über die Frauenrechte im Islam lese, denke ich, sie haben das von uns, einige Sachen. Und einige Sachen haben wir von euch übernommen, das stimmt wohl. Nicht die positiven Seiten, eher die negativen Seiten, finde ich. Das Negative gibt es ja auch bei euch. Ich sag immer bei euch, warum weiß ich nicht. Aber gerade die Freiheit der Frauen ist mir sehr, sehr wichtig. Daß die Frau wirklich auf ihren eigenen Füßen stehen kann, das betone ich extra noch einmal.
Ich denke, der Mann, den ich heiraten würde, der müßte zunächst mal tolerant sein. Das heißt nicht, daß ich gegen Männer bin. Nur, wenn es wirklich notwendig ist, daß die Frau auf ihren eigenen Füße stehen muß, dann muß sie es können. Man muß nicht unbedingt abhängig von einem Mann sein. Man kann auch selbständig sein. Aber zu einer Ehe gehören immer zwei Leute, da muß man auch berücksichtigen, daß man einen Mann hat. Einige Sachen würde ich natürlich nicht versuchen durchzusetzen, weil ich

davon ausgehe, daß er ein Muslim ist. Ich hoffe, daß er mir nicht vorschreibt, was ich zu tun habe. Ich gehe davon aus, daß der Mann meine Rechte kennt und sie mir auch gibt. So stelle ich mir eine Beziehung vor.

Ich denke, daß gerade hier in Deutschland die Religion wichtig ist, um eine eigene Identität zu finden. Überhaupt die eigene Religion kennenlernen zu können, das ist wichtig für die Kinder, denke ich. In der Schule wird den Kindern ab der ersten Klasse eine Religion vermittelt. Es gibt Religionsunterricht für evangelische und katholische Kinder. Da fragt man sich als muslimisches Kind, die haben eine Religion, habe ich keine? Was bin ich eigentlich? Und später in den Jahren, wenn sie dann etwas älter sind, mit achtzehn, neunzehn, dann fragen sie sich erst recht. Wenn man sich fragt, wer man ist, was man ist, spielt die Religion eine große Rolle. Eltern spielen dabei eine große Rolle, wenn sie diese Suche nach Identität unterstützen. Die Religion ist für mich ein Lebensinhalt, eine Richtlinie und auch ein Orientierungssystem. Als Eltern ist man wirklich verpflichtet, den Kindern die Religion nahezubringen. Ob sie sie hinterher annehmen oder nicht annehmen, das ist wiederum ihre Sache. Aber ich denke, wenn man eine sehr gute Erziehung genossen hat und etwas über den Islam weiß, dann lehnt man die Religion nicht ab. Auf jeden Fall ist der Islam wichtig, um eine eigene Identität zu finden.

Wenn ich z.B. mit Arabern zusammen bin, spielt meine Nationalität überhaupt keine Rolle. Da denke ich, ich komme denen automatisch näher, weil wir Muslime sind. Auch auf der Straße ist das so. Wenn ich eine Frau mit Kopftuch z.B. auf dem Unicampus sehe, dann gehe ich direkt auf sie zu und spreche sie an. Und dann guckt die mich nicht blöde an und fragt, wer das ist, sondern sie grüßt mich. Dann umarmen wir uns sogar. Die Brüderlichkeit spielt eine ganz große Rolle bei der Identität. Daß man sozusagen weiß, daß alle Menschen gleich sind. Muslime sind Geschwister. Die anderen Menschen sind auch Geschwister. Aber bei Muslimen untereinander ist das noch etwas anders: Weil man Muslimin ist, kommt man sich noch etwas näher als bei den anderen.

Ich bin in Deutschland geboren. Ich habe eine eigene Kultur und eine Zweitkultur. Es ist ganz schön schwierig, wenn du zwischen zwei Stühlen sitzt. Du brauchst eine eigene Identität. Ich empfinde das so. Ich bin eine Türkin, und gleichzeitig bin ich eine Deutsche. Ich hab die Kultur der Deutschen, ich hab die Kultur der Türken. Irgendwie ist das so eine Mischmasch-Kultur. Meine Kultur sieht ganz anders aus als in der Türkei, das kannst du mir glauben. Vieles hab ich von den Deutschen, vieles hab ich von meinen Eltern, also von meiner türkischen Umgebung. Das ist so ineinander verflochten. Und es hat sich eine eigene Kultur gebildet, mit einer eigenen Identität. Die sieht anders aus als bei meinen Eltern. Auf jeden Fall anders als in der ersten Generation. Wenn du in der Türkei bist, bist du eine Deutsche, sobald du in Deutschland bist, bist du eine Türkin. Was bist du eigentlich wirklich, fragst du dich. Auf der einen Seite bist du ein »Kanaker«, auf der anderen Seite bist du eine »Deutsche«. Ja, und da mußt du aufpassen. Hast du irgendwann mal eine Krise, weißt du überhaupt nicht, was du eigentlich bist. Wie willst du dich bezeichnen? Aber sobald du eine islamische Identität hast und sagst, ich bin eine Muslimin, mir ist es egal, was für eine Nationalität ich habe, dann kannst du sagen, ich habe zwei Nationalitäten, aber ich hab nur eine Identität: Ich bin eine Muslima.

Ich würde nicht sagen, daß der Islam die Integration in die deutsche Gesellschaft verhindert. Wir, die zweite Generation der türkischen Familien, haben wir denn mit unserer Religion unsere Integration verhindert, oder wurden wir eher mit Absicht daran gehindert? Man sagt, wir sollen uns assimilieren. In den 70er Jahren hat man Deutschkurse gemacht, nur für türkische Schüler. Und dann haben sie gesagt, wir müssen es den Kindern soweit vermitteln, daß sie zu Hause den Eltern das beibringen. Und dann haben sie gesagt, das ist eine falsche Politik. Das ist wirklich nach hinten losgegangen. Ich denke mal, es wurde am Anfang sehr viel falsch gemacht. Zum Teil wird es auch heute noch absichtlich gemacht. Man versucht nicht, uns zu integrieren. Wir sind immer eine Minderheit geblieben. Bei Min-

derheiten im allgemeinen ist es so, wirklich. Man wird weder integriert noch assimiliert, das ist das Problem. Der Islam behindert doch niemanden, sich zu integrieren. Das Problem sehe ich nicht. Wir leben ja hier in dieser Gesellschaft. Und wir haben eine eigene Identität entwickelt. Wir sind deutsch-türkische Muslime, oder egal wie wir es nennen wollen. Der Islam hat nicht verhindert, daß wir uns integrieren, eher im Gegenteil. Die anderen versuchen eher eine Integration zu verhindern, sage ich mal so. Ich glaube, das hat sehr viel mit Politik zu tun. Denn die Pädagogen lassen sich da auch sehr schnell ausnutzen oder zu politischen Zwecken mißbrauchen. Aber der Islam verhindert da eigentlich nichts. Also, um auf deine Frage noch mal zurückzukommen, ob ich Freunde habe, die anderen Religionen oder Konfessionen angehören. Ja, ich hab eine sehr enge Freundin, die streng katholisch ist. Wir haben sehr viel gemeinsam. Ich habe vorher immer gedacht, daß meine Kultur eigentlich meine Religion prägt. Aber ich merke immer wieder, indem ich ihr immer näher komme, genau das Gegenteil. Meine Religion hat meine Kultur geprägt. Ich trinke keinen Alkohol, sie sagt, sie trinke auch keinen Alkohol. Es muß nicht sein. Ganz viele Sachen teilen wir. Sie kann mich total verstehen. Ich hab keine Probleme, mich mit ihr über meine Probleme auszusprechen. Es ist für sie nicht komisch, wenn wir ausgehen, und wenn ich sage: Du ich mach das oder dies nicht, ich kann das nicht. Ich esse z.B. kein Schweinefleisch, dafür hat sie viel Verständnis. Dann sagt sie, daß sie das verstehen kann, weil sie es auch nicht ißt. Bei anderen habe ich eher das Gefühl, daß sie immer nur sagen, daß sie uns verstehen, aber sobald es wirklich in die Tat umgesetzt wird, verstehen sie es nicht mehr. Sie versteht zwar auch nicht, warum ich ein Kopftuch trage, obwohl ich immer wieder versuche, es ihr nahezubringen, aber sie akzeptiert es, und sie toleriert es. Wenn mich jemand angreift, wie es neulich passierte, steht sie total hinter mir. Ich habe da nichts gesagt. Sie hat mich verteidigt, ich brauchte mich überhaupt nicht zu verteidigen.
Auf der Straße oder bei Leuten, die mich nicht kennen, habe ich ganz andere Erfahrungen gemacht. Ich habe sehr

viele Freundinnen, die kein Kopftuch tragen. Die sind Muslime, die halten sich auch an die Regeln. Das spielt für mich keine Rolle. Ob Kopftuch oder nicht, in erster Linie zählt der Mensch. Das zählt für mich. Und das kommt auch wieder durch die religiöse Überzeugung, das ist wirklich so. Auf der Straße habe ich sehr negative Erfahrungen gemacht, leider Gottes muß ich das sagen. Auch in den Kaufhäusern. Als ich einmal in Bielefeld bei Horten einkaufen gegangen bin, hat mich die Verkäuferin nicht bedient, obwohl ich an der Reihe war. Sie dachte wohl, daß ich schweige. Dann habe ich aber meinen Mund aufgemacht. Das ist mir öfter passiert. Dann habe ich gesagt, daß ich an der Reihe sei. Und daß ich darauf bestehe, daß ich drangenommen werde. Irgendwann war der Abteilungsleiter an der Theke, und ich habe gefragt, ob ich vielleicht ein kleines Tütchen haben könnte, weil ich keine Tasche bei mir hatte. Da sagte der, daß ich ja sehr umweltbewußt sei. Ich fragte ihn, wozu sie denn dann die Einkaufstüten hätten, und daß er mir die Waren auch in eine Stofftasche einpacken könne. Es war richtig heftig. Es war nicht, wie ich es jetzt erzähle, sondern es ging drunter und drüber. Da war auch eine Deutsche, die kannte ich, und die hat ziemlich laut gesagt: »Aysel, der hat gedacht, daß du blöd bist, daß du nichts sagen wirst, nur weil du ein Kopftuch trägst.« Und der Abteilungsleiter ist wirklich rot angelaufen.

Ich laß mir nichts gefallen. Wenn die Leute freundlich fragen, warum ich auf der Straße ein Kopftuch trage, ganz wildfremde Menschen, dann bin ich freundlich, ich begründe das auch. Aber wenn mich jemand anmacht und wirklich fragt, ob ich Läuse auf dem Kopf hätte und deshalb das Kopftuch trage, dann muß ich mich wehren. Das ist mir passiert. Dann lache ich und sage, daß ich Läuse hätte und das Kopftuch trage, damit sie keine bekommen. Es gibt nun mal ganz freche Leute, die fragen ganz spießig oder welche, die mich indirekt, nach dem Motto, sie ist ja sowieso doof, anmachen. Dann mach ich meinen Mund auf. Ich guck immer drauf, wie derjenige reagiert. Machmal zeige ich ihm echt den langen Finger, das ist mir wupsch egal. Und dann denken die: Was ist denn jetzt los? Natürlich habe ich auch gute Erfahrungen gemacht, aber meine negativen Erfahrungen überdecken diese guten Erfahrungen. Aber ich komme damit mittlerweile sehr gut klar. Ich bin so gut trainiert, daß spontan, wenn mir jemand etwas sagt, automatisch eine Antwort kommt. Es kommt immer darauf an, wie ich gefragt werde. Die Körperhaltung ist für mich auch sehr wichtig. Also die Körpersprache sagt sehr viel aus. Und dann guck' ich immer und, wie gesagt, je nach Mensch und Frage, gibt es auch eine Antwort. Ich schweige nicht. Wenn mich jemand anguckt und anhimmelt, das gibt's ja auch, in der Bahn z.B., dann geh ich zu dem hin und frage, ob wir uns vielleicht kennen. Auch wenn ich mich gestört fühle, ich spreche die Leute an.

Die negativen Erfahrungen überwiegen zwar, aber es kann einen Dialog geben. Ich sehe das auch an meiner Freundin. Dialoge könnte es noch mehr geben. Das Einzige, was Schwierigkeiten machen könnte, ist, daß man einige Sachen in der Religion nicht so ganz versteht, z.B. wenn ich erkläre, daß ich Kopftuch trage, wird das oft nicht verstanden. Vielleicht erklärt ihr mir irgendetwas im christlichen Bereich, und dann verstehe ich das auch nicht, oder es wird mir nicht klar. Mit dem Wort »Dialog« soll das Gespräch gemeint sein. Nicht im Sinne von Missionsauftrag, sondern es ist eher der Verkündigungsauftrag damit gemeint. Da würde ich sagen, muß man sich auch zurückhalten, weil es sonst nur drunter und drüber geht und es mit Sicherheit Streit geben würde. In erster Linie ist es schon wichtig, daß wir einen Dialog haben, daß wir uns kennenlernen und zumindest wissen, was für eine Basis wir haben. Aber es ist wichtig, daß wir uns unterhalten und wissen, was für Werte wir haben, in der Religion oder im Alltag oder was weiß ich noch, als Menschen im religiösen Bereich. Ansonsten so ein Dialog zwischen Religionen, das ist etwas schwieriger. Die Leute haben es seit Tausenden von Jahren nicht geschafft, und das schaffen wir heute auch nicht.

Ich sehe das bei meinen Freundinnen. Dialog als ein Gespräch zwischen Menschen, als ein Austausch zwi-

schen Menschen, das geht. Ich hab noch eine sehr enge Freundin, die an nichts glaubt. Und wenn wir zusammen ausgehen, dann gucken die Leute. Zwei Frauen, die sich schon durch die Kleidung und durch ihre Religion unterscheiden, da denken die: Was ist das denn? Wir werden angesprochen, und wir unterhalten uns. Es finden auch Dialoge statt. Es ist nicht so, daß keine Gespräche stattfinden würden.
Der Grund, warum ich an diesem Gespräch teilgenommen habe, war, daß ich neugierig war. Ich wollte mal wissen, was für Fragen da so kommen. Und ich habe auch gedacht, vielleicht hast du auch mit anderen Frauen Interviews gemacht. Vielleicht kann man sich da mal so vergleichen und sehen, daß nicht alle muslimischen Frauen gleich denken. Das war mir auch wichtig, daß man da Unterschiede feststellen kann. Ich denke, bei mir kann man auch Unterschiede sehen, weil ich vielleicht auch anders denke als andere muslimische Frauen. Für mich ist es wichtig, daß wir in erster Linie einen Dialog geführt haben. Das finde ich sehr wichtig.

»Ich lebe meinen Glauben aus dem Inneren heraus«

Derya ist 20 Jahre alt, ledig und in Deutschland geboren. Ihre Eltern stammen aus Kirsehir in der Türkei. Zur Zeit besucht sie die Schule, um ihren Realschulabschluß nachzuholen. Ihr Ziel ist es, später zu studieren. Derya bezeichnet sich selbst als religiöse muslimische Frau. Sie ist Sunnitin.

Meine Mutter war ziemlich religiös, aber mein Vater war nicht so religiös wie sie. Ihm war es wichtig, der Außenwelt zu zeigen: »Ja, meine Kinder sind muslimisch und halten sich an die Regeln, sie essen kein Schweinefleisch, sie kleiden sich nicht so freizügig ...« Weil die Nachbarskinder in den Korankurs gingen, wurde ich mit meinen Geschwistern auch dorthin geschickt. Ich war etwa sechs Monate dort.

Als ich 13 Jahre alt war, habe ich begonnen, mich näher mit der Religion zu beschäftigen, mein Interesse daran wurde stärker. Wichtig war mir der Islam immer, aber einige Dinge, wie das Tragen des Kopftuches und das Frau-Mann-Verhältnis, haben mich gestört. Es gibt keine Gleichberechtigung zwischen Männern und Frauen. Ich glaube, daß im Koran die Gleichberechtigung gegeben ist, aber das wird von den meisten Menschen nicht so gesehen, so daß in der Realität keine Gleichberechtigung besteht.

Emanzipation bedeutet für mich, daß die Frau selber aus eigener Kraft heraus entscheidet. Daß sie das tut, was sie möchte. Daß sie selbständig, eigenständig ist und - egal von wem, vom Vater, Mann oder von anderen - nicht unterdrückt wird.

Meine ganz bewußte Auseinandersetzung mit dem Islam begann, als eine Freundin von mir in die Türkei fuhr und verschleiert wieder zurückkam. Sie hat es freiwillig gemacht. Zuerst konnte ich es nicht verstehen, weil alle anderen, die ich kenne, dazu gezwungen wurden, sie es aber völlig freiwillig getan hatte. Von da ab fing ich an, bewußter damit umzugehen. Diese Auseinandersetzung

begann für mich damit, zu schauen, welche Vorteile und Nachteile der Islam für mich hat.
Ich lebe meinen Glauben aus dem Inneren heraus, d.h. ich bete nicht jeden Tag vier- oder fünfmal – ich weiß auch nicht, wie man richtig betet. Ich bete für mich, so wie ich es gesehen habe, wie ich es mitbekommen habe. Ich versuche, es richtig zu machen. Ich hatte niemanden, der mir das richtig beigebracht hätte. Ich weiß nur, daß ich nicht so wie all die anderen glaube, aber ich glaube für mich innen drin. Es gibt religiöse Pflichten für mich, die ich in meinem Alltag einhalten möchte, wie z.B. kein Schweinefleisch essen. Ich würde auch gerne jeden Tag beten, dafür braucht man aber Disziplin, um die Zeiten genau einzuhalten. Für mich gehört das Tragen eines Kopftuches nicht unbedingt dazu. Wenn jemand dies freiwillig tut, ist es in Ordnung. Wer es aber nicht trägt, ist deshalb nicht weniger gläubig. Mit Kopftuch ist es schön, aber es sagt nicht aus, ob jemand weniger oder mehr gläubig ist. Jemand, der das Kopftuch nicht trägt, der glaubt für mich nicht weniger. Ich denke, daß ich auch irgendwann ein Kopftuch tragen werde, z.B. wenn ich heirate, oder wenn ich meine, daß der richtige Zeitpunkt gekommen ist.
Ich bin in die Moschee gegangen, als ich sieben Jahre alt war, habe aber sonst keine Erfahrung damit. Ich fand es dort komisch. Wenn ich etwas nicht wußte, guckten sie mich an und fragten, warum ich das nicht weiß. Ich fühlte mich immer unter Druck. Deswegen gehe ich ungern dahin. Wenn die Frauen in die Moschee gingen, dann nicht nur, um aus dem Koran zu lesen, sondern auch, um sich dabei über private Dinge zu unterhalten.
Wenn es darauf ankommt, wird mein Muslim-Sein akzeptiert, aber es wird beispielsweise nicht toleriert, daß ich kein Schweinefleisch esse. Dann wird gesagt: »Iß das doch!« oder »Stell Dich nicht so an!« Sie nehmen das nicht ernst. Auch wenn du ein Kopftuch trägst, nimmt man dich nicht so gern mit. Ich kenne das von mir. Wir hatten einige Freundinnen, die Kopftücher trugen und andere nicht. Dann wurde gesagt: »Ach, die mit Kopftuch nehmen wir lieber doch nicht mit.« Es wird soweit akzeptiert, wie man

selbst damit nicht konfrontiert wird. Jeder sollte jeden so akzeptieren, wie er ist. Ich akzeptiere das Christentum, aber ich würde auch nicht in die Kirche gehen und dort beten. Damit man sich gegenseitig akzeptieren kann, muß man sich über beide Religionen informieren, um keine Vorurteile zu haben. Es gibt viele Sachen, die Gläubige und Nichtgläubige nicht wissen und daher machen sie auch Fehler. Wenn man Vorurteile abbauen würde, könnte man dem vorbeugen.

Zwischen der Generation meiner Eltern und unserer Generation gibt es auf jeden Fall Unterschiede. Für die Generation meiner Eltern war es schwierig. Die heutige Generation ist moderner, akzeptiert mehr. In der ersten Generation war es nicht normal, daß die Religion akzeptiert wurde. Heute ist es normaler. Es gab damals keine Muslime in diesem Land. Heute gibt es viele, es gibt sogar deutsche Muslime. Deshalb wird es eher als normal angesehen. Wir haben es leichter als unsere Eltern.

Der Unterschied zwischen meinen Eltern und mir bezüglich des Glaubens ist, daß sie sich mehr an die gegebenen Regeln gehalten haben als ich, wie z.B. immer zu den festgelegten Zeiten zu beten, das Kopftuch zu tragen oder immer in die Moschee zu gehen oder zu fasten. Aber das heißt für mich nicht, daß sie mehr glauben als ich, weil sie religiöse Vorschriften intensiver befolgen. Für mich spielt Religion eine große Rolle. Weil ich in Deutschland bin, will ich meine Religion nicht vergessen oder mich zu einer anderen Religion hinziehen lassen.

In der Türkei leben sie strenger nach der Religion, weil da mehr Angebote sind als in Deutschland. Es gibt dort z.B. mehr Moscheen oder Koran-Schulen. Es existiert auch mehr Druck von den Eltern oder von anderen Leuten. In der Türkei leben fast nur Muslime, alles drum herum ist muslimisch, die Kultur etc., du lebst in einem muslimischen Land, dir bleibt nichts anderes übrig, als muslimisch zu leben.

Ich würde, wenn ich Kinder hätte, ihnen die Religion vermitteln, aber die Entscheidung liegt bei ihnen. Bei mir ist es so, daß ich so glaube, wie ich es für richtig halte, nicht so wie meine Eltern mir das vorgeschrieben haben. Vielleicht werden meine Kinder es auch anders machen. Für mich zählt einfach, daß sie glauben und nicht, wie sie glauben. Ob sie durch die Religion eine eigene Identität entwickeln, weiß ich nicht. Man braucht doch irgend etwas, an das man glauben kann, sonst ist man aufgeschmissen, und man hat keine Hoffnung mehr. Einen Glauben zu haben ist schon wichtig, ob man in der Türkei ist oder hier.

Andererseits kann die Religion die Integration auch hemmen, weil es verschiedene Religionen gibt, weil der eine Christ, der andere Moslem ist. Das sind zwei unterschiedliche Sachen, deswegen findet man nicht so leicht zueinander. Aber ich denke, wenn ich jemanden kennenlerne, weiß ich nicht sofort, ob er Christ oder Moslem ist.

Ich denke, es hilft schon, wenn man sich über die Religion auseinandersetzt, wenn ich mehr über den christlichen Glauben informiert bin und die anderen über den Islam. Ich habe Kontakte zu Menschen anderer Konfessionen, aber wir reden wenig über deren oder meine Religion. Die Kontakte sind eher normale, freundschaftliche Kontakte. Wir essen zusammen, feiern, hören Musik etc. Aber wenn eine Freundin aus Ex-Jugoslawien kommt, möchte ich schon wissen, an was sie glaubt.

Ich habe keine Probleme als muslimische Frau, weil ich äußerlich nicht auffalle. Ich meine, ich trage kein Kopftuch. Ich kenne das von der Freundin, die in die Türkei gegangen ist und mit dem Kopftuch zurückgekommen ist. Sie hat in einem Friseursalon gearbeitet, und auf der Arbeit hat sie ihr Kopftuch abgelegt wegen der Kundschaft. Als Friseurin mußten ihre Haare auch zu sehen sein. Nach Feierabend trug sie das Kopftuch wieder. Das haben ein paar Kunden gesehen und es dem Chef mitgeteilt. Der Chef hat sie mit der Begründung, daß das Kopftuchtragen nach Feierabend einen schlechten Eindruck auf die Leute und die Kundschaft macht, entlassen. Es war okay, daß sie auf der Arbeit ihr Kopftuch abgelegt hat, damit die Kundschaft auch ihre Haare sehen konnte, welchen Schnitt sie hatte. Aber nach der Arbeit ist es ihre private Sache, ob sie Kopftuch trägt oder nicht.

Es ist sehr wichtig, Informationen darüber auszutauschen, wie muslimische Frauen leben und wie christliche Frauen leben und was sie denken. Es ist gut, sich gegenseitig zu informieren, damit Vorurteile gar nicht erst entstehen oder damit sie widerlegt werden können.

»Der Islam ist ein Stück Seele von mir«

Ich heiße Fatima. Ich bin 38 Jahre alt, habe drei Kinder und komme aus Tunesien, aus Sousse. Ich lebe seit 16 Jahren in Deutschland. Mein Mann arbeitet hier. Deshalb bin ich nachgekommen. Ich habe Englisch und Deutsch als Fremdsprache an der Universität Bremen studiert. Aber ich bin nicht in erster Linie wegen des Studiums nach Deutschland gekommen, sondern wegen meines Mannes. Nach meinem Studium habe ich nicht an einer Schule gearbeitet, sondern muttersprachlichen Unterricht für tunesische Kinder erteilt.

Also ich weiß nicht, hier in Deutschland, eigentlich in ganz Europa, wird eine muslimische Frau immer als etwas Besonderes gesehen. Meistens geht es bei so einer Umfrage mit dem Thema »Frau und Islam« oder »Frau im Islam« um Fragen wie »Wie fühlst du dich hier als muslimische Frau?« oder »Wie lebst du hier als muslimische Frau?«. Ich frage mich, warum das eigentlich so ist. Warum ist eine muslimische Frau so etwas Besonderes hier? D.h., sie wird nicht im positiven Sinne als etwas Besonderes gesehen. Die Leute denken immer eher etwas Negatives, deshalb immer wieder diese Fragen. Die Leute hier sehen muslimische Frauen nicht als normale Frauen. Das stört manchmal, wenn immer wieder diese Fragen kommen. Warum ist das eigentlich so? Auch von den Frauen selber. Manchmal hast du das Gefühl, das sind intellektuelle Frauen, und trotzdem haben sie teilweise dieselben Ideen im Kopf. Das finde ich ein bißchen störend hier in dieser Gesellschaft. Also ich weiß nicht, ich bin eine muslimische Frau, und ich fühle mich eigentlich normal.

Ich bin von Geburt Muslima. Ich habe früher nicht immer den Islam so richtig praktiziert. Meine Eltern, die waren schon religiös. Mein Vater war ein Imam in der Moschee. Aber wir wurden nie so richtig islamisch erzogen. Es war einfach normal, daß wir Muslime sind. Wir haben gefastet und gebetet. Aber das war für uns mehr so eine Tradition. Und wir haben nicht nach dem Warum gefragt. Wir haben in der Schule etwas über den Islam gelernt, also z.B. warum wir Ramadan machen, warum man fünfmal am Tag betet und so etwas. Aber das war für uns so, daß das zur Schule gehörte. Wir haben uns nie um diese Sachen gekümmert.

Mit dem Kopftuch habe ich ungefähr vor fünf Jahren angefangen. Früher habe ich das nicht gemacht. Ich habe gebetet, gefastet, aber mit dem Kopftuch war ich nicht einverstanden. Auch mein Vater, obwohl der sehr religiös war, hat uns nie so gezwungen, das Kopftuch zu tragen. Als ich hier einige Kontakte zu muslimischen Frauen hatte, wurde mein Glaube stärker. Ich wurde sehr beeinflußt von diesen muslimischen Frauen hier. Das waren meist deutsche muslimische Frauen. Wir haben uns regelmäßig getroffen, also jeden Sonntag, privat. Die Frauen hatten zu der Zeit noch nicht so viele Kinder. Jetzt in letzter Zeit treffen wir uns nicht mehr. Erstmal hatten wir Schwierigkeiten mit der Wohnung, mit den Kindern und so. Es gibt aber immer noch deutsche Frauen, die sich treffen, aber ich weiß nicht, ob regelmäßig oder nicht regelmäßig.

Ich habe mich von mir aus in der letzten Zeit mit dem Koran beschäftigt. Ich habe den Koran mehrmals gelesen und studiert und dazu verschiedene Erklärungen gelesen. Ungefähr vor fünf Jahren hat das angefangen mit dem Kopftuchtragen. Da hab ich mich bewußter darum gekümmert und war überzeugter davon. Ich habe mich damit beschäftigt, warum man eigentlich das Kopftuch tragen sollte, und daß es einen bestimmten Zweck hat. Seit meinen Kontakten zu diesen muslimischen Frauen, die überwiegend Deutsche waren, nahm mein Glaube zu und wurde stärker. Tunesische, arabische oder auch türkische Frauen, die haben genau wie ich die Religion nur von der Familie, so als Tradition, übernommen, aber nicht so richtig als Glaube. Ich dachte auch, das reicht.

Seitdem hat sich viel bei mir verändert. Ich weiß nicht, also manchmal, wenn ich z.B. Sorgen habe, seelische Belastungen oder auch Depressionen, dann ist für mich nur der Koran die richtige Medizin. Also gehe ich einfach beten. Ich wasche mich, und dann gehe ich beten. Und nachher

fühle ich mich erleichtert, sehr erleichtert. Mein Glaube spielt in meinem Leben eine große Rolle. Das ist ein Stück Seele von mir. Das heißt aber nicht, daß ich nur einfach blind glaube.
Früher habe ich immer gedacht, es genügt, wenn ich bete, faste und an Allah und den Propheten glaube, und daß das Kopftuch nur äußerlich ist, mein Glaube aber innerlich. Und dann habe ich den Koran gelesen und verstanden. Und es war ganz klar, für eine richtige muslimische Frau, die richtig den Islam praktizieren will, gehört das Kopftuch, diese Verschleierung dazu. Und damit ist nicht nur das Kopftuch gemeint, sondern im Koran geht es eigentlich um Körperbedeckung. Nur das Gesicht und die Hände darf man zeigen.
Am Anfang war es für mich schwer, das Kopftuch zu tragen. Ich hab immer gedacht, die Leute kennen mich ohne Kopftuch, und jetzt auf einmal sehen sie mich mit Kopftuch, was denken sie über mich. Dann wurde es mir egal, die Hauptsache ist, daß ich mich wohl fühle. Einmal war ich beim Arzt, und die Arzthelferin wollte Blut abnehmen. Als sie sagte, daß ich doch vorher kein Kopftuch getragen hätte, antwortete ich ihr, daß ich eben jetzt ein Kopftuch trage, daß ich eine Muslima bin. Und sie hat gefragt, ob ich früher keine muslimische Frau gewesen sei. Ich sagte ihr, jetzt sei ich »richtige« Muslima. Obwohl, ich denke, das ist ein bißchen kritisch, wenn ich sage, »richtige« Muslima, richtige oder nicht richtige Muslima, was bedeutet eigentlich »richtig«? Ich habe nichts dagegen, wenn andere Frauen kein Kopftuch tragen, obwohl auch sie Musliminnen sind. Naja, ich hab mich eben dafür entschieden. Die Reaktionen darauf, die waren doch verschieden. Einige haben mich gesehen und überhaupt keine Reaktion gezeigt. Ich habe mehr erwartet von den Leuten, also aus dem Kreis, in dem ich lebe, aber das war nicht so. Am Anfang war es mir ein bißchen peinlich, das Kopftuch zu tragen, das sag ich ganz ehrlich. Das war also nicht ganz ohne Komplikationen. Nur die Schwierigkeiten lagen bei mir. Es hat keiner gesagt, daß ich das Kopftuch besser abnehmen soll oder so. Auch mein Mann war nicht dage-

gen. Aber er hat schon gefragt, warum ich das mache, warum ich mich dazu entschlossen habe. Ich hatte erwartet, daß mein Mann sich vielleicht freut, weil Männer doch eigentlich sagen, daß Frauen das Kopftuch tragen sollten. Aber mein Mann ... Am Anfang, als das Kopftuch neu für mich war, schämte ich mich nicht, aber es war mir doch irgendwie peinlich, einfach auch ungewohnt. Nachher war das kein Problem mehr, es ist jetzt richtig zur Gewohnheit geworden. Ich fühle mich jetzt völlig normal damit.

Manchmal bemerke ich, daß andere Leute komisch gucken. Und wenn du dann nur mit einem Kind unterwegs bist, schauen sie dich an, als ob du tausend Kinder haben müßtest, so, als ob das typisch für eine muslimische Frau oder für Türken und Araber überhaupt wäre. Wenn du z.B. in die Straßenbahn einsteigst, dann gibt es solche Blicke. Das ist normal. Es ist aber jetzt weniger geworden. Kann sein, daß ich es am Anfang auch immer erwartet habe, daß die Leute mich wegen des Kopftuches ansehen. Im Moment erwarte ich solche Reaktionen nicht mehr. Es kann schon sein, daß diese Befürchtungen einfach nicht mehr in mir sind. Ich habe mir gesagt, daß es mir egal ist, was sie über mich denken und sagen. Ich fühle mich mittlerweile sicherer.

Andererseits habe ich das Gefühl, daß ich von Männern mit meinen Kopftuch richtig respektiert werde. Manche Leute denken, daß die Frauen mit ihren Kopftüchern unterdrückt werden. Sie denken über dich immer, daß du unterdrückt sein mußt, daß du Analphabetin bist. Solche Vorurteile gibt es immer. Aber ich habe gemerkt, daß mir viele Männer mehr Respekt entgegenbringen. Besonders wenn ich zu türkischen Geschäften gehe, wird man mit Kopfbedeckung anders wahrgenommen. Die Männer dort wollen dich überhaupt nicht angucken oder so. Sie senken ihren Blick einfach nach unten. Bei den deutschen Männern ist das auch nicht schlimm. Mit den Frauen ist das anders. Die Frauen, die gucken dich manchmal schief an, so als ob sie denken: »Ach, diese Frauen, schade, daß sie das Kopftuch tragen.« Oder sie meinen, daß wir unterdrückt werden, wir türkischen Frauen. Einmal erzählte mir

eine deutsche Muslima, daß sie auf dem Markt war und dort eine ältere Dame zu ihr sagte: »Mensch, das ist aber eine große Schande. Wir kämpfen heutzutage für die Freiheit der Frauen und die Emanzipation, und ihr tragt immer noch Kopftücher.«
Ich finde, Emanzipation bedeutet ganz oft nur Männerfeindlichkeit. Viele Frauen sind so extrem feministisch hier. Das ist keine Frauenbewegung für mich. Das ist mehr eine extrem feministische Bewegung. Die meisten sind sehr männerfeindlich. Ich hatte früher auch viel Kontakt zu diesen Frauen. Ich war immer dabei, habe also auch Erfahrungen sammeln können und an vielen Veranstaltungen teilgenommen. Aber ich denke, diese Gesellschaft, dieses Leben überhaupt, das besteht aus Männern und Frauen. Wir haben immer diese Idee, daß die Männer sehr egoistisch sind, aber es gibt auch Frauen, die egoistisch sind. Emanzipation für mich als muslimische Frau heißt, daß ich Rechte habe. Ich habe meine Rechte und meine Pflichten. Ich sehe das so, daß im Islam die Frau bestimmte Aufgaben hat, und der Mann hat andere Aufgaben. Und es muß irgendwie eine Balance, ein Gleichgewicht da sein, damit es Harmonie gibt in der Familie. Für mich bedeutet das auch, daß das Leben einen Sinn hat, einen Zweck. Wir leben nicht nur so einfach wie Tiere, der Mensch ist was anderes für mich.
Zu den Moscheen habe ich nur wenig Kontakt. Ich war einige Male da. Eigentlich war der Unterricht ganz interessant und auch neutral. Aber ich habe es nicht geschafft, jeden Samstag hinzufahren. Wenn ich Zeit habe, möchte ich oft etwas anderes unternehmen. Früher haben wir uns regelmäßig in der Moschee getroffen. Es gab jeden Samstag islamischen Unterricht für Frauen und anschließend für die Männer beim Imam. Die Frauen können Fragen stellen, und der Imam antwortet ihnen. Vorher gibt es Unterricht, vom Imam geleitet, und dann kommen die Fragen der Frauen zuletzt. Die Frauen versuchen auch, ein paar Verse aus dem Koran zu lesen, so richtige Koranrezitation, mit richtiger Betonung. Ich war nur ein paar Mal da, und dann bin ich nicht mehr hingegangen. Ich

versuche aber zu Hause, wenn ich Zeit habe, islamische Literatur, auch von muslimischen Frauen, zu lesen. Aber überwiegend in arabischer Sprache. Weil ich Kinder und eine Familie habe, habe ich leider nur wenig Zeit zum Lesen.

Mein Vater war Imam in einer Moschee. Meine Mutter war eine normale muslimische Frau. Sie hat gebetet, gefastet und mehr nicht. Bei uns in Tunesien haben die Frauen immer so einen weißen Schleier von Kopf bis Fuß getragen. Kein Kopftuch, sondern einen weißen Schleier, ich weiß nicht, wie das auf Deutsch heißt. Das war ganz normal in einem muslimischen Land. Wenn ich mich mit meinen Eltern vergleiche, sehe ich schon Unterschiede. Meine Eltern haben den Islam so als Glauben, als Tradition übernommen. Bei meiner Mutter war es bestimmt so, sie hat sich nie Fragen gestellt. Sie hat das einfach als normal genommen, ganz selbstverständlich. Von Generation zu Generation hat sie den Islam übernommen. Bei mir ist der Glaube irgendwie intensiver, finde ich. Wenn mir jemand Fragen stellt über meine Religion, versuche ich, sie zu beantworten.

Mit meinen eigenen Kindern ist es schwierig. Es ist richtig ein Kampf, wirklich. Ja, gut, ich möchte nicht, daß meine Kinder mit Gewalt den Islam lernen. Dagegen habe ich etwas. Ich möchte gerne, daß meine Töchter auch das Kopftuch tragen. Ich werde ihnen nicht sagen, daß sie es machen müssen. Ich versuche, auch mit meinen Kindern ganz vernünftig zu reden. Ich erzähle ihnen, daß wir Muslime sind und warum. Und ich versuche auch, bestimmte Dinge zu beweisen. Ich erkläre ihnen, daß es Gründe gibt. Aber meine Tochter z. B., sie ist jetzt 16, trägt kein Kopftuch. Manchmal frage ich sie, ob sie auch ein Kopftuch tragen will. Sie schämt sich nicht, warum auch, sie braucht sich nicht zu schämen. Sie sagt, daß sie es jetzt noch nicht will, weil ich selbst ja auch erst vor fünf Jahren damit begonnen habe und auch nicht früher. Wenn sie so alt ist,

16 Die Fragen wurden schriftlich beantwortet

17 Das sagen wir, um damit unseren Propheten zu ehren.

sagt sie, dann würde sie es auch tragen, vielleicht auch früher. Sie sagt, in ihrer Schule gibt es kein einziges Mädchen, das ein Kopftuch trägt. Und sie möchte nicht die Einzige sein. Ich versuche nicht, sie zu zwingen. Ich denke, das hat keinen Zweck. Ich möchte es nicht mit Gewalt, ich versuche erst einmal, es ihr theoretisch zu erklären und dann sehen wir weiter. Sie wird das von alleine machen. Das ist meine Meinung.
Es ist nicht einfach, wenn du Kinder erziehst. Manchmal fühle ich mich auch so widersprüchlich. Ich praktiziere den Islam, aber meine Kinder nicht, jedenfalls nur zum Teil. Meine ältere Tochter betet und fastet, Alhamdulillah, Gott sei Dank. In der Schule, sagt sie, merkt es keiner, wenn sie fastet. Wenn sie ein Kopftuch tragen würde, dann würden sie es alle sehen. Dann würden die anderen sie deshalb ansehen, sie würde auffallen, deshalb will sie es im Moment nicht.
Für mich persönlich ist der Islam sehr wichtig. Ich habe meine eigene Identität. Ich bin eine muslimische Frau, und ich bleibe eine muslimische Frau. Das heißt nicht, daß ich den Leuten meinen Glauben unbedingt zeigen will, das nicht. Aber das Kopftuch gehört zu meinem Glauben. Und ich sehe keinen Unterschied z.B. zwischen einer Frau, die eine Kette trägt mit einem Kreuz oder einer Frau, die ein Kopftuch trägt. Das ist das Gleiche, finde ich.
Ich finde, daß der Islam auch für meine Kinder wichtig ist, aber in der Praxis ist das schwer. Meine Kinder sagen z.B., daß sie Tunesierinnen sind. Sie haben ihre Identität. Also wenn jemand sie fragt, dann sagen sie, daß sie aus Tunesien kommen und vom Glauben her Muslime sind. Darauf sind die auch stolz. Nur wie gesagt, es ist für sie nicht so wichtig im Moment. In der Schule oder so, dann merkt man schon diese Schwierigkeiten. Aber sie haben Freunde dort und sind nicht isoliert von der Gesellschaft. Sie fühlen sich also schon integriert. Sie sind aber gleichzeitig auch bereit, religiöse Pflichten einzuhalten. Meine Tochter macht jetzt seit drei Jahren Ramadan mit.
Wegen dieser Vorurteile, z. B. gegenüber dem Kopftuch, ist ein Dialog zwischen muslimischen und nichtmuslimi-

schen Leuten immer wichtig. Damit die Leute Toleranz für diese muslimischen Frauen lernen und mehr Verständnis für sie bekommen, denn, ich meine, das Kopftuchtragen gehört auch zu ihrem Glauben. Deshalb finde ich Dialoge zwischen den Leuten sehr wichtig. Aber manchmal siehst du, daß die Leute nicht immer bereit sind, einen Dialog mit dir zu führen. Das ist immer das Problem. Manche, die wollen sich auch so richtig distanzieren, die wollen was anderes sein, diese Leute. Aber manchmal ist das auch umgekehrt. Da findest du Menschen, die dich und deinen Glauben richtig respektieren. Und die finden das auch gut. Aber das ist nicht immer so. Dialoge können überall stattfinden, in der Schule, im Kindergarten, in den Kirchen und in den Moscheen.

*»Wer soll es denn sonst erzählen, wenn nicht wir ... «**

Ich heiße Filiz, bin 22 Jahre alt und in Deutschland geboren. Meine Familie stammt aus der Türkei, aus Istanbul. Ich mache zur Zeit eine Ausbildung zur Diplomchemikerin. Ich bin ledig und wohne noch bei meinen Eltern. Ich bezeichne mich nicht nur als muslimische Frau, sondern ich bin eine muslimische Frau.

Die Frage, ob meine Eltern schon von Anfang an Wert auf eine religiöse Erziehung gelegt haben, würde ich bejahen. Das sah so aus, daß ich anfangs erst einmal von dem Bild meiner Eltern geprägt wurde, d.h., daß ich schon als kleines Kind gesehen habe, wie meine Eltern ihre religiösen Pflichten wahrgenommen haben, sei es jetzt das Beten fünfmal am Tag, das Kopftuchtragen meiner Mutter, das Fasten im Ramazan usw. Später, so etwa mit sechs, sieben Jahren hat mich mein Vater an jedem Wochenende mit in die Moschee genommen, wo ich Koranlesen gelernt habe, die Lehre des Korans, das Leben unseres Propheten Mohammed (Allah segne ihn und schenke ihm Frieden)** halt alle Dinge, die sich mit dem Islam befassen. Aber so richtig bewußt bin ich mit der Religion umgegangen zu dem Zeitpunkt, als ich mich dazu entschlossen habe, selbst ein Kopftuch zu tragen. Das war mit dreizehn Jahren. Ich wollte aktiv dabei sein, denn ich hatte für mich den wichtigen Grundsatz aufgestellt: »Religion ist keine Theorie. Entweder man hält sich an die Lehre des Islam, die in Koran und Sunna zugrundeliegen und ist somit praktizierender Muslim oder nicht.« Das war und ist mein Ansporn. Seitdem trage ich das Kopftuch aus *eigenem Willen,* und weil ich die göttlichen Vorschriften anerkenne. Im Gegensatz zu der Vorstellung, daß ich etwa dazu gezwungen werde. Ich habe meine Familie vielmehr damit überrascht!
Zu dieser Zeit und danach habe ich mich aus eigener Initiative intensiv mit meiner Religion befaßt und ausein-

* Die Fragen wurden schriftlich beantwortet
** Das sagen wir, um damit unseren Propheten zu ehren.

andergesetzt. Ich hatte mir als Schwerpunkt »Die Stellung der Frau im Islam« gesetzt, weil es mich betraf, und weil es gerade bezogen auf diesen Themenbereich in Europa soviel Unkenntnis und falsche Vorstellungen gibt. Deshalb wollte ich, wenn auch nur im bescheidenen Maße, Aufklärungsarbeit leisten, indem ich mich öfter mal in der Schule bereiterklärte, Referate zu erstellen und mich auf Diskussionen einzulassen, wenn es um das Thema Islam ging. Für mich waren es sehr positive Erfahrungen, die ich dabei gemacht habe.
Ich weiß, daß die Vorstellungen über »Die Frau im Islam« von Schlagworten geprägt sind wie: Unterdrückung, Rechtlosigkeit und tiefe Erniedrigung der Frau, die allein ihrem Mann zu gehorchen hat, von der Vorstellung des allmächtigen, strengen, vielleicht sogar tyrannischen Ehemannes, der seine Frau als Dienstmädchen und als Besitz betrachtet, den er von der Außenwelt ausschließen darf. Diese Vorstellungen werden ja tragischerweise massiv von den Medien verbreitet und verstärkt, wie man sehen kann, wenn man sich Filme, Berichte im Fernsehen, Zeitschriften und Bücher ansieht. Auf diesem Hintergrund habe ich irgendwie begonnen, die Rolle und die Rechte der Frau im Islam darzustellen. Ich wollte das nicht auf mir sitzenlassen. Ich wollte zeigen, daß die Situation der muslimischen Frau keineswegs von Rechtlosigkeit und Unterordnung bestimmt ist, sondern eher das Gegenteil der Fall ist: Der Islam hat den Frauen gesetzlich, nicht nur moralisch, eine Reihe von Rechten und ein hohes Maß an Absicherung zuerkannt. Der Islam fordert die Anerkennung und Achtung von Leistungen und der Würde der Frau!
Obwohl ich jetzt im einzelnen nicht darauf zu sprechen komme, möchte ich doch sagen, daß, wenn Frauen in islamischen Ländern dennoch benachteiligt, diskriminiert oder sogar mißhandelt werden, was ja - leider Gottes - unbestritten passiert, dies nicht mit der islamischen Lehre zusammenhängt, denn bei der Entstehung des Islam ist gerade ein solches Verhalten gegenüber Frauen entschieden bekämpft worden. Aber es haben sich im Laufe der Geschichte sehr viele traditionelle Sitten, Gewohnheiten

und Bräuche derjenigen Völker, die den Islam angenommen haben, auch als islamische Vorschriften durchgesetzt, obwohl sie von der koranischen Lehre abweichen.
Die Frage, wie ich meine Religion hier in Deutschland lebe, ist für einen Muslim eine oberflächliche Fragestellung, da unsere Religion sich nicht je nach Ort verstehen oder begrenzen läßt. Daher lebe ich meine Religion so aus, wie ich sie anderswo auch ausleben würde. Nicht der Staat, das Land bestimmt meinen Alltag, sondern meine Religion. Der Islam umfaßt mein ganzes Leben. Er beschränkt sich nicht nur auf äußerliche Pflichten. Wichtig ist der Glaube, mit dem ich meinen/wir unseren Alltag selber zu bestimme(n).
Die Frage, ob ich ein Kopftuch trage, ist für mich als muslimische Frau unangebracht, weil ich mich u.a. damit identifiziere und erkennbar mache. Das Kopftuch gehört zu mir und meiner Entwicklung der Vorstellung eines idealen Lebens.
Ich habe keine spezielle Moschee, in die ich unbedingt gehen muß, weil für mich einfach im Vordergrund steht, daß ich dort mit Gleichgesinnten zusammenkomme, mit Menschen, die meine Meinung vom Islam teilen und leben. Ich möchte den Namen der Moschee, in die ich öfter gehe, nicht nennen, weil ich nicht in eine bestimmte Kategorie gedrängt werden möchte. In den Moscheen gibt es viele Angebote für und von Frauen, die das Verständnis und die Zusammengehörigkeit stärken. Die Möglichkeiten, die sich da ergeben, wie z.B. Entwicklung und Weiterbildung, sind unbezahlbar.
Mein religiöses Selbstverständnis ist: Sich als Muslimin, auch nach außen hin, hier in dieser und in jeder anderen Gesellschaft als solche zu zeigen. Ich denke, daß sich mein religiöses Selbstverständnis von der Generation meiner Eltern nicht unterscheidet, da die Lehre des Koran in ihrem Kerngehalt immer gleich bleibt.
Der Begriff der »Emanzipation« ist ein politischer Begriff, der für Feministinnen soviel bedeutet wie sich von der von Männern dominierten, herrschenden Gesellschaft zu befreien, und der die Grundlage ihrer Weltanschauung

ausmacht. In diesem Zusammenhang ist die muslimische Frau derselben Meinung. Damit aber nicht genug. Unsere Ideologie ist gegen jede Art der Gewaltherrschaft. Muslimische Frauen unterstützen alle Frauen, die sich bewußt gegen jede Art der Unterdrückung und »Versklavung« stellen. Wie könnten wir also ein Problem mit den Frauen haben, die sich auf den Weg gemacht haben, ihre Rechte zu suchen? Der Islam verpflichtet, gegen jegliche Arten von Zwängen aufzubegehren, egal ob es Zwänge der Geschichte, der Gesellschaft, der Natur oder gar des eigenen Egos sind. Wir müssen uns dessen bewußt werden, was unsere Freiheit einschränkt, es rechtzeitig erkennen und dem entgegenstehen. Meiner Meinung nach haben wir Muslime mit dem Schritt zum Islam den größten Beitrag zur Befreiung der Menschen geleistet. Der Islam zielt auf die Freiheit des Einzelnen und der Gesellschaft, auf die Harmonie zwischen Natur und Mensch und die innere Harmonie ab. Die Tatsache, daß die Gesetze, die Menschen geschrieben haben, dazu verdammt sind, wiederum von anderen Menschen vernichtet zu werden, bleibt unbestritten.

Die Frage, ob ich glaube, daß meine Religion für mich und vielleicht auch für meine Kinder hier in Deutschland wichtig ist, finde ich ungeschickt formuliert, weil - ich mache es noch einmal deutlich - es keine Unterschied macht, ob ich in Deutschland oder anderswo lebe. Religion bleibt Religion. Selbstverständlich ist es mir wichtig, wie ich meine Kinder erziehen werde. In der islamischen Familie hat die religiöse Erziehung eine besonders große Bedeutung: Die Kinder sollen im Geiste des Islam aufwachsen, ihre Begabungen und Fähigkeiten entwickeln, und zwar Mädchen und Jungen. Und sie sollen, gleich in welchem Bereich, als Erwachsene ihre Aufgaben in der muslimischen Gemeinschaft wahrnehmen und einen nützlichen Beitrag zur Entwicklung der Gesellschaft leisten können. Bei diesen wichtigen Aufgaben der Kindererziehung spielt die Frau im Islam eine entscheidende Rolle. Ein bezeichnendes, bekanntes Sprichwort aus dem Arabischen lautet. »Die Mutter ist eine Schule.«

Um die Frage nach Islam und Integration zu beantworten, müßte ich erst mal erläutern, was unter Integration zu verstehen ist. Soweit mir bekannt ist, ist Integration nur ein moderner Begriff für Assimilation, was soviel bedeutet wie sich gewollt oder ungewollt einem System oder einer Gesellschaft unterzuordnen. Was zur Folge hat, daß der Mensch seine eigene Persönlichkeit, Identität und Kultur mit der jeweiligen anderen verschmilzt und verliert. Historisch gesehen ist der Versuch der Integration nichts Neues. Er ist eine Strategie des Westens zu dessen politischem Nutzen. Konkrete Beispiele hierfür wären: die Assimilation der Afrikaner in die amerikanische Gesellschaft, wodurch die Afrikaner ihrer Kultur, ihrer Identität und ihrer Persönlichkeit entfremdet wurden oder der rassistische Umgang mit Juden in Deutschland. Der Islam hatte die Tür immer offen für Gespräche. Und zwar nicht auf der Basis, die Religion oder Kultur zu zerstören, sondern um für ein besseres Verständnis zu sorgen. Wenn Integration heißt, daß der Islam von seinen Prinzipien erst Zugeständnisse machen muß, um in einer fremden Kultur unverändert zu existieren, dann kann Integration kein Thema für einen Muslim sein.
Wie ich als muslimische Frau wahrgenommen werde? Ich werde als selbstbewußt, zielstrebig und überzeugend wahrgenommen. Meine Aktivitäten und Bemühungen werden geschätzt. Das, was ich zu meiner Religion zu sagen habe, oder meine Haltung dazu, werden respektiert und geachtet. Im Grunde habe ich positive Erfahrungen sammeln können - mit einer Ausnahme. Ich war beim Einkaufen. Als ich das Kaufhaus verlassen wollte, hat mir irgend jemand aus der Menge auf mein Kopftuch gespuckt. Ich habe mich so sehr geärgert, daß ich die Person nicht sofort bemerkt habe. Ich finde es nach wie vor feige und sehr primitiv. Ich kann die Wut in mir gar nicht in Worte fassen. Ich wüßte nicht, ob ich mich beherrschen könnte, wenn diese Person sich mir stellen würde. Ich habe dies Verhalten als Attacke gegenüber meiner Religion aufgefaßt. Ich finde es beschämend, daß es in einem Land, das zwei Weltkriege erlebt hat, ein Land, in dem Faschismus geherrscht

hat, in dem immer noch rassistische Zustände herrschen und Menschen nur aufgrund ihres Ausländerseins verbrannt werden, immer noch solche Menschen in dieser so »modernen« Gesellschaft überlebt haben.
Mir ist nicht ganz klar, ob ein Gespräch zwischen Christen und Muslimen wünschenswert ist. Mein Anliegen wären auf jeden Fall aufklärende Gespräche. Um solchen Gesprächen die friedliche Atmosphäre zu sichern, müßten die Gesprächspartner ohne Vorurteile an die Sache herangehen und keine missionarischen Absichten verfolgen. Genau aus diesem Grund habe ich zugestimmt, eure Fragen zu beantworten, um ein bestehendes Interesse nicht zurückzuweisen, weil ich es als meine Pflicht ansehe, offen zu sein für ein Gespräch: Wer soll es denn sonst erzählen, wenn nicht wir?

»Ich finde die Religion sehr wichtig«

Halime ist 30 Jahre alt. Sie lebt seit 28 Jahren in Deutschland und ist durch die Familienzusammenführung hierher gekommen. Sie stammt aus der Türkei, aus Eskisehir. Halime hat die 10. Klasse des Gymnasiums abgebrochen, ist heute verheiratet und Mutter von drei Kindern. Sie ist gläubige sunnitische Muslimin.

Die Religion hat bei uns zu Hause eine große Rolle gespielt. Meine Eltern haben mir das Koranlesen beigebracht und selbst gebetet. Ich bin als Kind auch zur Moschee gegangen und habe dort das Koranlesen und die Religion kennengelernt. Meine Eltern haben nach dem Islam gelebt, das war für mich selbstverständlich. Wie gesagt, meine Eltern haben danach gelebt, ich habe das mitgekriegt und wollte es auch lernen, da war kein Zwang. Daß ich mich dazu entschied, war freiwillig. Ich bin mit dieser Selbstverständlichkeit der Religion aufgewachsen. Das Interesse für meine Religion war von Anfang an vorhanden. Bei meinen Geschwistern war das auch so. Meine Schwester hat sich noch intensiver damit auseinandergesetzt. Sie hat viel mehr Bücher gelesen und an Seminaren und Veranstaltungen teilgenommen. Sie hat auch selber Seminare gegeben.

Eigentlich war ich immer religiös, von daher kann ich nicht sagen, daß es einen bestimmten Zeitpunkt für mich gab, wo meine Religion wichtig wurde. Sie war für mich immer wichtig. Auch daß ich geheiratet habe, hat mich nicht daran gehindert, meine Religion auszuleben. Ihre Bedeutung war und ist immer noch da. Jetzt versuche ich, die Religion meinen Kindern weiterzugeben. Ich versuche sie ihnen zu erklären und ihnen alles beizubringen. Ich erkläre ihnen, wie man betet und warum wir das machen. Mein mittlerer Sohn ist so ein Typ, der z.B. immer fragt: »Wieso dürfen wir kein Schweinefleisch essen?« Da muß ich ihm erklären, woher das kommt, woher das Verbot kommt, warum wir es nicht dürfen. Warum Gott das will, daß wir etwas nicht essen oder keinen Alkohol trinken und andere solche Sachen. Ich erkläre dann den Unterschied zwischen den Christen und den Muslimen. Ich versuche ihnen das so zu erzählen, daß sie es verstehen.

Mein religiöser Alltag sieht eigentlich so aus, daß ich zu Hause bete. Dadurch, daß ich Kinder habe, kann ich dies nicht so intensiv betreiben. Ich gehe halt zum »Kandil«* in die Moschee. In der Ramadan-Zeit gehe ich zum »Mukavele«**. Zum Abendgebet kann ich leider nicht gehen, wegen der Kinder. Wenn ich sie mitnehme, kriege ich wenig mit, weil es ein wenig chaotisch mit den Kindern wird. Ansonsten bin ich in keiner Gruppe, in keiner Frauengruppe der Moschee. Ich schaffe dies zeitlich nicht. Ich versuche meine Pflichten einzuhalten. Manchmal nehme ich mir auch etwas vor, z.B. jeden Abend, bevor ich ins Bett gehe, zehn Minuten etwas aus dem Koran vorzulesen. Das mache ich dann auch. Es beruhigt mich und ist besser als eine Kopfschmerztablette.

Das Tragen eines Kopftuches gehört auch dazu. Viele sagen, daß das Aussehen nichts mit den inneren religiösen Werten zu tun hat, daß das Äußere deine Religiosität nicht bestimmt. Dem stimme ich nicht zu. Die Religion besagt, daß ich mich bedecken muß. Die schönsten Teile meines Körpers soll ich nur für meinen Mann aufheben. Zum Vergleich: Einen Modeschmuck kannst du einfach so begrapschen, einfach ansehen, ein Diamant dagegen ist in einem Tresor versteckt. Was ist schöner und wertvoller, der Diamant oder der Modeschmuck? Und so sehe ich es auch in bezug auf die Frau. Wenn ich jetzt einfach im Badeanzug rumlaufen würde, könnte jeder Mann meinen Körper sehen. Und dieser Mann würde z.B. empfinden: »Oh, ist sie schön, ich würde gerne mal mit ihr schlafen.« Das finde ich nicht schön. Ich möchte das dann nur für meinen Mann aufheben. Okay, zu Hause laufe ich auch ohne Kopftuch herum und trage Hosen. Zu Hause kann ich das machen. Aber draußen halt nicht. Ich finde, daß das Bedecken, das Kopftuch einfach dazu gehört. Das bedeutet

* Heilige Nächte

** Regelmäßiges Beten in der Moschee während der Fastenzeit

aber für mich nicht, daß ich mich jetzt verschleiern muß und nur noch mit dem Schleier rumlaufen muß, das meine ich nicht damit. Ich meine damit, daß ich meine Haare bedecke. Meine Körperteile ein bißchen kaschiere, daß sie nicht so hervorgehoben sind, daß ich nicht so einen Rock trage, der einen riesengroßen Schlitz hat, daß man meine Beine sehen könnte, daß ich nicht hautenge Sachen anziehe, wo man meint, so groß sind ihre Brüste, so groß ist ihr Hintern, so lang sind ihre Beine.

Nachdem ich mit der Schule aufgehört hatte, habe ich so langsam angefangen, das Kopftuch zu tragen. Als ich dann geheiratet habe, war das für mich für immer! Zu meiner Zeit war das schwierig, in der Schule das Kopftuch zu tragen. Damals war es nicht so verbreitet. Ich war auch die einzige Türkin in der Klasse. Es war nicht einfach, es durchzusetzen und sich zu behaupten. Es war nicht so wie heute. Heute ist es viel leichter. Als ich dann nicht mehr zur Schule ging, konnte ich das Kopftuch tragen. Ich war viel zu Hause. Ich war nicht andauernd draußen durch die Schule oder so. In der deutschen Gesellschaft, in der Schule, gab es, gibt es bestimmte Normen und Werte, und da war es schwierig, sich mit dem Kopftuch durchzusetzen.

Ich habe Kontakte zur Moschee. Ich versuche regelmäßig hinzugehen. Mein Mann ist im Vorstand, auch im Vorstand des Türkischen Zentralverbandes. Ich habe auch ein Angebot bekommen, daß ich da mitmachen soll, aber aus zeitlichen Gründen kann ich es nicht, weil ich sonst meine Kinder vernachlässigen würde, und das möchte ich nicht. Im Herbst 1996 habe ich mitgeholfen, ein Fest auszurichten. Das war ein Frauenfest mit türkischen und deutschen Frauen zusammen. Es waren Lehrerinnen aus der Türkei gekommen. Für sie wurde das Fest organisiert, und ich war mit im Festkommitee. Ich kenne die meisten Lehrerinnen, die da sind, und ich kenne die Leute, die im Vorstand sind. Sie rufen mich dann immer an, wenn sie Hilfe brauchen. Sie machen einmal im Monat ein Essen, daran nehme ich teil und helfe bei den Vorbereitungen. Ich helfe, wo ich kann, bin aber wegen meiner Kinder nicht fest dabei. In der Moschee habe ich keine schlechten

Erfahrungen gemacht und auch sonst keine Schwierigkeiten gehabt.
Seit ca. zwei Jahren werden in unserer Moschee Computerkurse für Frauen und Männer angeboten. Zuerst fand ein Kurs für Männer statt, dann wollten die Frauen auch einen Kurs machen. Wenn die Frauen wollen, daß solche Kurse für sie stattfinden, dann werden sie auch eingerichtet, und wenn sie möchten, daß diese von einer Frau geleitet werden, dann wird auch das so eingerichtet. Das hat dann eine angehende Informatikerin gemacht. Ich habe auch an diesem Computerkurs für Anfänger teilgenommen. Zusätzlich kommt jeden Sonntag eine Ärztin in die Moschee und macht Beratungsgespräche, z.B. über Ernährung. Da kann jede hingehen, das ist aber ohne Verpflichtung, man kann einfach nur zuhören, es ist offen. Diese Beratung führt eine türkische Ärztin, eine Allgemeinmedizinerin, durch. Sonst gibt es auch noch andere Angebote wie z.B. Korankurse für Kinder, Mädchen und Jungen oder auch für Frauen und Männer. Diese Angebote sollen jetzt noch erweitert werden. Sie wollen z.B. Alphabetisierungskurse einrichten. Es ist schwierig, alles unter Dach und Fach zu kriegen, weil die Lehrkräfte fehlen, aber von den Räumlichkeiten her ist es okay, es gibt da genug Räume. Für den Computerkurs gibt es fünf Computer und pro Kurs acht Schüler und eine Kursleiterin. Die Treffen in der Moschee bedeuten für mich viel. Es ist für den gegenseitigen Informationsaustausch wichtig, Leute zu treffen, und es ist einfach einmal was anderes, als zu Hause mit den Kindern zu sein.
Im Grunde genommen habe ich keine Probleme, hier als muslimische Frau zu leben. Wenn die Leute mich nicht kennen, ist es hier immer so, daß ich nicht gegrüßt werde. Aber nach einem Gespräch wird das immer selbstverständlicher. Auch wenn ich ausgehe oder wenn wir mal Essen gehen, gibt es immer erstmal ein bißchen Abstand. Aber wenn man sich unterhält, schmilzt das Eis. Wenn man selber auf die anderen zugeht, sie grüßt, sich mit ihnen unterhält, dann habe ich bemerkt, daß es schon ein bißchen Nähe gibt. Aber es ist immer so, daß es von meiner Seite kommt, dieses »Auf-die-Leute-Zugehen.«

Ich bin eine muslimische Frau, die versucht, neben der Familie ihre religiösen Pflichten einzuhalten, so gut es geht, d.h. eine gute Mutter zu sein, eine gerechte Mutter, eine gute Ehefrau. Im Unterschied zu meinen Eltern bin ich mehr mit Deutschen zusammen. Ich stehe mehr im allgemeinen Leben. Meine Mutter war von jeher selten draußen. Sie kam noch nicht einmal in unsere Schule und kannte auch unsere Lehrer nicht. Als wir zur Schule gingen, haben meine Eltern nie an Elternabenden teilgenommen. Wir wurden nie gefragt: »Hast du deine Hausaufgaben gemacht? Was hast du für ein Zeugnis?« Keiner hat sich darum gekümmert. Und bei mir ist es jetzt so, daß z. B. mein ältester Sohn morgen ein Diktat schreibt und ich ihn danach frage, ihm helfe. Ich kenne seinen Stundenplan und weiß, welche Lehrer er hat. Ich frage ihn, was seine Lehrer sagen, wie es in der Schule war und so. Ich bin mehr da, als meine Mutter es war. Vielleicht, weil ich hier aufgewachsen bin. Vielleicht spielt das eine große Rolle, daß ich hier zur Schule gegangen bin und das kenne. Meine Eltern sind damals hierher gekommen und wollten nicht lange bleiben. Sie wollten Geld verdienen und zurückfahren. Mein Vater hat gearbeitet und meine Mutter hat uns großgezogen. Es war ja auch nicht leicht mit fünf Kindern.
Emanzipation, das ist ein umfangreicher Begriff. Ich glaube nicht, daß es so etwas gibt. Überall, in jeder Gesellschaft, sei es in Deutschland oder in der Türkei, alle reden und diskutieren drüber. Was meinst du mit emanzipiert? Ich werde nicht unterdrückt! Ich bin und fühle mich gleichberechtigt mit meinem Mann. In meiner Familie fühle ich mich wohl und gleichberechtigt, weil wir alles gemeinsam entscheiden. Wir reden über alles, wenn irgendetwas ist. Ohne mich mit meinem Mann zu beraten, mache ich nichts. Aber nicht, weil er mich unterdrückt oder so, sondern weil ich einfach möchte, daß wir alles teilen. Auch wenn ich etwas sehe, das wir kaufen sollten, sage ich es ihm. Oder wenn etwas mit den Kindern oder mit dem Haus ist. Ich sage zu ihm: »Du, das und das habe ich gesehen und möchte es kaufen.« Dann sagt er seine Mei-

nung, und dann entscheiden wir gemeinsam, was wir machen. Auch wenn er etwas vorhat oder etwas machen möchte. Wir teilen alles, reden über alles und entscheiden dann gemeinsam. Er hat zu Hause die Hosen an, aber wenn ich sage: »Das gefällt mir so nicht, ich will so nicht«, dann machen wir das anders. Jeder bringt dann seine Argumente vor. Ich treffe keine Alleinentscheidungen und er auch nicht. Aber muß ich es doch tun, dann ist er auch einverstanden. Er hat Vertrauen zu mir und ich zu ihm. Bei jeder Kleinigkeit können wir natürlich nicht miteinander erst reden, wenn die Kinder z.B. hierhin oder dahin gehen wollen, dann treffe ich die Entscheidung und sage es ihm später. Das ist okay. Oder wenn er sagt, ich habe das so und so gemacht, dann ist das auch okay.

Hier in Deutschland kann jeder mit Einschränkungen seine Religion ausleben. In den Schulen wird den Kindern z.B. Unterricht in biblischer Geschichte angeboten, das ist auch okay. Es wäre aber schön, wenn für die islamischen Kindern auch islamische Religionskunde angeboten würde. Das würde mich freuen und den Kindern etwas bringen. Man könnte auch beide Religionen im Unterricht so darstellen, daß die Kinder die christliche *und* die muslimische Religion kennenlernen. Ich bin Elternsprecherin in der Klasse meines Sohnes. Und als Mutter habe ich schon bestimmte Einflußmöglichkeiten, da bin ich mir sicher. Bloß habe ich Schwierigkeiten, Türkisch als Fach für die Schüler, die als Muttersprache Türkisch haben, durchzusetzen. Und wenn ich mit der Religion ankomme, wird es noch schwieriger.

Zu der Frage, ob das Leben in Deutschland eine Rolle dabei spielt, sich bewußt der eigenen Religion zuzuwenden, kann ich sagen, daß ich das nicht anders kenne. Ich bin hier aufgewachsen. Ich weiß nicht, wie ich das in der Türkei erlebt hätte.

Ich finde die Religion sehr wichtig. Deshalb versuche ich, sie so gut ich kann, meinen Kinder zu vermitteln. Außerdem glaube ich daran, daß sie durch die Religion ihre eigene Identität finden werden. Das gehört zu unserem Leben dazu. Ich bin Muslimin. Meine Kinder sollen nach

dem Islam erzogen werden. Sie sollen ihre Religion kennen. Ich selbst versuche, ihnen so viel ich kann und weiß beizubringen. In den Ferien, wenn wir nicht in Urlaub fahren, bringe ich sie zur Moschee. Ich schicke sie auch deswegen dahin, damit sie dort ein bißchen vom Hodscha über unsere Religion lernen, wie man betet, wie man fastet und etwas über die Gebote des Islams. Letzten Sommer hat unser Großer es geschafft. Er kann jetzt den Koran lesen. Er hatte sich das in den Sommerferien als Ziel gesetzt. Und er hat es auch geschafft. Ich zwinge meine Kinder nicht, jedes Wochenende dahin zugehen. Sie gehen gerne dort hin. Sie werden nicht überfordert. Es ist ja auch nicht so, daß sie Aufgaben im Korankurs bekommen, und es ist auch keine Pflicht, irgend etwas bis zum nächsten Tag auswendig lernen zu müssen. Wenn sie das schaffen, ist es gut, wenn nicht, ist es auch okay.
Ich bin eine Person, die auf die Leute zugeht und den Mund aufmacht, wenn mir irgendetwas nicht paßt. Ich kann das natürlich nicht zu allen sagen und kann das auch nicht von allen Frauen erwarten. Aber ich lasse mir nichts gefallen. Andere Frauen sagen aufgrund ihrer mangelnden Deutschkenntnisse nichts, deshalb wehren sie sich vielleicht nicht. Dann schweigen sie, ziehen sich zurück, bleiben still. Ich höre oder kriege mit, wie andere Frauen in der Bahn herumgeschubst werden oder ihnen an den Kopftüchern herumgezogen wird. Ich habe das selbst nicht so erlebt, weil ich nicht viel mit der Bahn unterwegs bin.

»Mein Glauben ist in meinem Herzen«

Ismihan, aus Mittelanatolien in der Türkei, ist 50 Jahre alt und lebt, aufgrund der Familienzusammenführung, seit 1973 hier in Deutschland. Sie ist verheiratet, hat 3 Kinder und arbeitete 18 Jahre in einer Geflügelfabrik, ist aber zur Zeit krank. Ismihan bezeichnet sich als eine alevitische, gläubige Muslimin.

Meine Eltern waren gläubig, sie waren Aleviten. Sie haben uns alevitisch großgezogen und uns den Glauben, soweit sie in der Lage waren, vermittelt. Sie haben immer gesagt: »Mein Kind, sei immer ehrlich, aufrichtig, klaue nicht, lüge nicht, bleibe immer auf dem richtigen, wahren Weg, respektiere und liebe die Menschen und sei immer für die Gemeinschaft da.« Das haben sie uns, als wir Kinder waren, immer wieder gesagt und mit auf den Weg gegeben. Sie haben uns auch die Pflichten gezeigt, und wir sind ganz selbstverständlich damit aufgewachsen. Sie haben ihre religiösen Rituale gemacht, und wir Kinder haben dies mitbekommen. Bei allen religiösen Ritualen waren wir anwesend. Es lebten Kinder, Junge und Alte in der Gemeinschaft, und wir haben somit alles, was für den Glauben wichtig war, mitbekommen. Das war nicht nur die Aufgabe der Eltern, sondern die Aufgabe aller Gemeinschaftsangehörigen. Es gab kein bestimmtes Alter, mit dem ich angefangen habe zu glauben. Wie ich schon gesagt habe, bin ich ganz selbstverständlich mit dem Glauben aufgewachsen. Wir alle haben als Kinder immer gearbeitet. Ich habe Schafe und Ziegen gehütet. Wenn es noch Zeit gab, habe ich mit anderen Kindern gespielt. Je älter wir wurden, desto bewußter sind wir damit umgegangen und haben Fragen gestellt.

Ich lebe meinen Glauben überall aus. Was hat das denn mit den Ländern und Regierungen zu tun? Mein Glauben ist in meinem Herzen. Den nehme ich überall mit hin und lebe ihn da aus, wo ich bin. Mein religiöser Alltag sieht so aus: Ich rede hinter keinem Menschen her, klaue nicht, bin nicht hinterlistig, denke nicht schlecht über die Menschen, wünsche den Menschen auch nichts Schlimmes, bin immer freundlich und herzlich und lüge nicht. So sieht mein Alltag aus, und so vergehen die Tage, wenn du an den Gott und an deine Religion glaubst. Das sind die Fundamente des alevitischen Glaubens. Dazu faste ich, wenn unsere Fastenzeit gekommen ist. Eine unserer Fastenzeiten findet immer Ende Januar statt und dauert sieben Tage. Das machen wir, um uns auf den Frühling vorzubereiten. Am Ende der Fastenzeit wird bei uns richtig rituell gefeiert. Dieses Feiern können wir in Deutschland, besonders in den Städten, nicht machen. Wir können es nur ganz ruhig feiern. Es ist ein Fest in der Art wie Fasching. Die Menschen verkleiden sich und machen laute Musik. Alle Menschen des Dorfes versammeln sich in einem Festhaus und setzen sich in einen großen Kreis zusammen. Dieser Kreis wird mit dem Feuer und einer Öffnung geschlossen.* Alle setzen sich auf die Erde, und in der Mitte tanzen die verkleideten Menschen, ganz wild und so, wie sie es möchten. Damit wird das Chaos dargestellt, das sich unter der Erde befindet. Wenn der Frühling da ist, finden andere Festlichkeiten statt, zu denen das Feuer und das Wasser mit Blumen darin gehören. Bis tief in die Nacht wird draußen im Mondschein gefeiert. Damit wird der Frühling begrüßt und alles, was zum Leben erwacht.

Sonst fasten wir zwölf Tage lang. Dieses Fasten, aber auch das Sieben-Tage-Tage-Fasten, ist keine Pflicht bei uns. Wer möchte, kann fasten, wer nicht, der braucht es auch nicht. Das Sieben-Tage-Fasten ist an keine Regeln gebunden. Beim Zwölf-Tage-Fasten darf man kein klares Wasser trinken, kein Fleisch essen und keine Lebensmittel schneiden, die noch mal Leben hervorbringen können, wie z.B. Knoblauch, Zwiebeln, Eier und Äpfel. Der Apfel ist die heiligste Frucht. Unsere Fastenzeiten sind sehr, sehr bescheiden, d.h. wir essen nicht so prall in den Monaten. Das halte ich hier in Deutschland auch ein. In diesem Monat wird getrauert, weil der Enkelsohn von Mohammed von Sunniten umgebracht wurde. Aber bevor er umgebracht wurde, ist er zwölf Tage in die Wüste verbannt worden. Deshalb

* *Anm. d. Autorin:* Die Öffnung stellt die Luft dar.

das Zwölf-Tage-Fasten, deshalb kein klares Wasser und deshalb bescheiden. Es ist einer der wichtigsten Monate.

Meiner Meinung nach kann jede das machen, was sie möchte. Ob sie ein Kopftuch tragen möchte oder nicht, das hängt von ihr ab. Jede ist eine freie Person. Es darf sich keiner einmischen, wenn eine sich bedecken möchte oder ohne Bedeckung ist. Das Kopftuch zu tragen, hat mit dem Glauben nichts zu tun. Hauptsache, du behältst deine innere Reinheit, dann ist es egal, ob du nackt, bedeckt oder verschleiert bist. Das Äußere hat mit dem Glauben nichts zu tun. Hauptsache, du glaubst aus deinem Herzen heraus und hältst dich rein. Früher habe ich das Kopftuch getragen, weil es bei uns auf dem Dorf so üblich war. Als ich dann in Istanbul und später in Deutschland war, habe ich es abgelegt, weil das hier nicht üblich ist. Außerdem war ich auch innerlich bereit, das Kopftuch abzulegen.

Ich gehe nicht in die Moschee, deshalb habe ich auch keine Kontakte zu irgendwelchen Moscheen. In andere Einrichtungen kann ich gehen, wenn ich möchte, aber das mache ich zur Zeit nicht. Ich habe auch keine Kontakte zu Frauen, die zur Moschee gehen. Diese Frauen würden nicht mit mir sprechen und den Kontakt zu mir meiden. Ich möchte das auch nicht mehr, weil sie so viele Vorurteile gegenüber den Aleviten haben. Ich wurde und werde immer noch von meinen Nachbarinnen ausgeschlossen, und wenn irgendwelche Feierlichkeiten sind, werde ich nicht eingeladen. Was soll ich noch mit diesen Frauen machen?

Es gibt kaum Unterschiede zwischen meinen Kindern und mir, was den Glauben betrifft. Sie haben natürlich nicht alles mitgekriegt, was ich mitbekommen habe. Zum Beispiel können sie alle den »Semah«, einen rituellen Tanz, nicht machen, da sie die rituellen Feste nicht miterlebt haben. Sie können die rituellen Feste, die Gebete, usw. nicht durchführen, weil sie damit nicht aufgewachsen sind. Wir waren ständig unterwegs, erst vom Dorf in die Stadt, dann nach Deutschland. Die Kinder sind in der Stadt aufgewachsen, in einer Zeit, in der die Aleviten nicht offen zu ihrem Alevi-Sein stehen konnten und durften. In den Dörfern war es anders; da wir alle Aleviten waren, gab es dort keine Probleme. In den Städten sah das anders aus. Meine Kinder konnten das deshalb nicht so mitbekommen wie ich. In der Stadt haben alle Aleviten versucht, ihren Glauben, so gut sie es konnten, heimlich weiter auszuüben. Ende der siebziger, Anfang der achtziger Jahre gab es außerdem auch noch Unruhen gegen Aleviten. Diesen Unterschied gibt es zwischen uns.

Frauen und Männer gelten in meiner Religion als gleichberechtigt. Meiner Meinung nach sind die Frauen noch höher gestellt und wertvoller. Auch wenn das in der Gesellschaft nicht so ist, ist es für mich richtig so. Es kommt daher, daß die anderen zu sehr glauben.* Ich glaube auch, aber sie glauben daran, daß die Frauen nach den Männern kommen und schlechter sind als die Männer. Für mich ist es aber nicht so. Im Gegenteil, die Frauen sind höher gestellt. Bei den Aleviten sind die Frauen und Männer gleichgestellt. In den religiösen Ritualen, den Festen und überall sind und leben Frauen und Männer zusammen. Es wird nicht getrennt wie bei den Sunniten. Wir geben uns gegenseitig die Hand und küssen uns zur Begrüßung auf die Wangen, wie wir das auch unter Frauen tun. So habe ich es gelernt und bin damit groß geworden.

Es ist für mich egal, wo ich lebe, ich lebe meinen Glauben aus. Ich entscheide mich freiwillig für meinen Glauben und lebe dies auch entsprechend. Es ist egal, ob ich hier oder in der Türkei bin. Ich lebe meinen Glauben, meine Religion aus. Das fremde Land schreibt mir nicht vor, wie ich meinen Glauben ausleben soll oder wie ich zu sein habe. Ich kann entscheiden, ob ich so mit mir leben möchte oder so wie die Fundamentalisten. Glauben ist eine Kraft, eine Stärke, die aus dem Inneren der einzelnen Personen kommt. Jeder übt das so aus, wie er es möchte.

Die Kinder der zweiten und der dritten Generation sollen selber darüber entscheiden. Sie sollen schauen und sich freiwillig dazu entscheiden. Meine Kinder haben sich auch selber dafür entschieden. Weder ich, noch mein Mann, haben gesagt: »Jetzt müßt ihr glauben, und jetzt müßt ihr

* *Anm. d. Autorin:* Damit sind »strengreligiöse« Sunniten gemeint.

das so oder so machen.« Sie haben sich freiwillig dazu entschieden. Außerdem sind sie nicht blind wie ich, sie können lesen und schreiben und sich weiterentwickeln. Ich bin Analphabetin und kann meinen Glauben nur so ausleben, wie ich ihn von meinen Eltern, von der Gemeinschaft und später von der Familie meines Mannes, mitbekommen habe. Kinder oder überhaupt Menschen zu etwas zu zwingen, bringt gar nichts. Das ist dann doch kein wahrer Glaube, kein überzeugter Glaube mehr. Außerdem ist so etwas in unserem Glauben nicht zugelassen. Keiner soll aus Verpflichtung oder aus Zwang diesen Weg gehen. Jeder soll aus Überzeugung, mit dem Herzen, diesen Weg finden und gehen, ohne anderen Menschen und anderen Lebewesen zu schaden und ohne sie zu verletzen. Kinder sollen genauso frei entscheiden. Wenn sie wollen und bereit dafür sind, sollen sie lernen, wenn nicht, dann ist es auch gut.

Meiner Meinung nach sollen die Menschen so leben, wie sie möchten. Wenn jemand unbedingt sehr gläubig leben möchte, soll er so leben, wenn jemand ohne den Glauben leben möchte, soll er ungläubig leben. Jeder soll sich frei und autonom entscheiden, wie er leben möchte, und jeder soll akzeptieren und respektieren, wie die anderen leben. Keiner soll aufgrund des Glaubens den anderen diskriminieren, unterdrücken oder ausgrenzen. Jeder soll in Frieden mit den anderen in der Gemeinschaft leben.

Ich habe Kontakte zu anderen Frauen mit anderen Konfessionen, und auch da vertrete ich meine Meinung und stehe zu meinem Glauben. Ich mische mich auch bei denen nicht in den Glauben ein. Sie sollen so leben, wie sie wollen. Ich möchte so leben, wie ich möchte. Intensive Gespräche über den Glauben können wir nicht führen, weil ich weiß, daß es immer Konflikte gibt. Die anderen akzeptieren mich mit meinem Glauben jedoch nicht, und ich werde aufgrund meines Glaubens ausgeschlossen. Wenn sie auf mich zukommen, dann nur oberflächlich. Ansonsten kriege ich die Vorurteile ab, die an die Aleviten gerichtet sind. Aber das interessiert mich nicht. Ich lebe so und versuche immer ehrlich, offen, aufrichtig, herzlich und nicht hinterlistig zu sein und keine schlechten Gedanken und Wünsche gegen sie zu hegen. Ich gehe auf die anderen zu, grüße sie und rede herzlich mit ihnen. Alles andere, das sind Dinge, die sie selber wissen und mit sich klären müssen. Wenn Ausgrenzungen stattfinden und sie mir mit den Klischees und Vorurteilen begegnen, dann wehre ich mich. Ich sage, was ich denke und was ich fühle. Ich mische mich in ihren Glauben nicht ein, und sie sollen sich auch nicht in meinen Glauben einmischen. Jeder soll so frei leben, wie er will und wie er möchte.

Es ist wichtig, Dialoge herzustellen. Alle gemeinsam, Christen, Muslime und Menschen aus allen Religionen, sollen an einen Tisch kommen. Sie sollen diskutieren, um frei und autonom zu leben. Das ist sehr wichtig. Es ist wichtig, gemeinsam zu schauen, wo die Übereinstimmungen liegen. Es ist wichtig, gemeinsam Lösungen zu suchen, um frei und autonom in Frieden miteinander zu leben. Ich sage noch einmal, jeder soll sich so frei entscheiden, wie er will und nach den eigenen Entscheidungen frei leben können, ohne diskriminiert oder ausgegrenzt zu werden.

»Islam heißt, daß mein Leben einen Sinn hat«

Mein Name ist Marwa. Ich wurde 1955 als Palästinenserin im Libanon geboren. Meine Eltern hatten eine große Familie. Ich bin verheiratet und habe selbst drei Jungen. Ich habe nach der normalen Tradition geheiratet, d.h. meine Schwiegermutter war eine Bekannte von meiner Mutter. Bei uns ist das normalerweise so; so lange es sonst keine Liebesgeschichte gibt, verheiratet man sich auf diesem Weg. Ich bin zufrieden mit meinem Mann. Ich habe auch immer gedacht, wie man sich kennenlernt, spielt keine Rolle, die Hauptsache ist, daß man sich versteht. Aber ich denke, man kann schon sagen, daß das auch Glückssache ist.

Ich bin seit 1987 in Deutschland. Als Palästinenser durften wir im Libanon nicht arbeiten. Wir konnten auch keine höheren Schulen besuchen, das war für uns teurer als für die anderen. Unsere Situation im Libanon kann man nicht mit der von Flüchtlingsfamilien hier vergleichen. Es war so, daß wir uns die ganze Zeit in einer Warteposition befanden, weil erst geklärt werden sollte, wie das mit unserer Geschichte und mit unserem Land Palästina ist. Deshalb haben sich die Männer nach Arbeit im Ausland umgesehen. Auch mein Bruder ist nach Deutschland gegangen, um zu arbeiten. Später sind dann auch meine anderen Brüder nach Deutschland gekommen, um hier eine Arbeit zu finden. Mein Mann hat zu der Zeit in Saudi-Arabien gearbeitet, bis er in den Libanon zurückkehrte. Als 1982 die Israelis in den Libanon kamen, haben wir unser Haus und unsere Sachen verloren. Wir hatten kein Geld mehr und keine Arbeit und standen hilflos da. Mein Mann und ich waren noch nicht lange verheiratet. Durch den Krieg und die ganze Situation im Libanon hatte ich große psychische Probleme und konnte deshalb keine Kinder bekommen. Als die Ärzte im Libanon sagten, daß es keine Hoffnung für mich gibt, hat mein Bruder mir geraten, nach Deutschland zu kommen, um hier zu Ärzten zu gehen. Mit einem Besuchervisum bin ich dann gekommen und habe Hilfe in einem Krankenhaus in Bremen gesucht. Nach drei, vier

Monaten war ich schwanger. Ich war glücklich und zufrieden und wollte nicht wieder in den Libanon zurück, weil ich endlich Ruhe hatte. In der ersten Zeit hatte ich Probleme mit der Aufenthaltsgenehmigung. Danach haben mein Mann und ich Arbeit gefunden. Seitdem leben wir hier in Deutschland. Ich habe inzwischen drei Kinder. Wäre ich im Libanon geblieben, wären sie sicher nicht da. Ich arbeite als Sozialpädagogin in einem Wohnheim für Asylbewerber. Schon im Libanon habe ich viel in diesem Bereich gearbeitet. Ich habe die Schule besucht und dann zwei Jahre lang kleine Kinder in Religion und Geschichte unterrichtet. Ich kenne den Libanon nur als eine Bombe. Als ein Land, in dem es immer nur Krieg gab. Bevor die Israelis den Libanon besetzt haben, gab es schon Angriffe auf die palästinensischen Lager. Wegen dieser Situation gab es viele Familien ohne Vater, oder Kinder, die keine Eltern mehr hatten. Ich habe mit diesen Familien gearbeitet. Später habe ich dann eine Ausbildung im Krankenhaus gemacht.

Ich bin Muslimin. Eine Muslimin zu sein, als Muslimin zu leben, ist nicht so einfach. Wir sind verpflichtet, den Islam an die anderen weiterzugeben, vor allem innerhalb der Familie, sie steht an erster Stelle. Meine Eltern haben uns also richtig an den Islam herangeführt. Mein Vater war ein ganz ordentlicher Mann, der immer gebetet hat. Meine Familie war keine streng religiöse Familie, sondern eher offen und modern. Deshalb hatte unsere Religion nichts mit dem normalen Tagesablauf zu tun. Aber meine Eltern haben uns gezeigt, wie ein Muslim sein soll. Schon bevor ich nach Deutschland kam, mit siebzehn, achtzehn Jahren in der Schule, habe ich mich für meine Religion interessiert. In der Schule gab es eine Gruppe, in der viel über den Islam gesprochen wurde. Ich habe dort immer zugehört. Das heißt, daß ich als Muslimin geboren wurde, aber den Islam auch gelebt habe. Mit achtzehn habe ich versucht, eine starke, strenge Muslimin zu sein. Damals habe ich auch ein Kopftuch getragen, obwohl meine Mutter keines getragen hat. Aber irgendwie hat das nicht geklappt. Meine Familie, meine Eltern waren eher modern. Das hat also nur ein paar Monate gedauert, daß ich zu dieser Gruppe gegangen bin. Jetzt trage ich mein Kopftuch, ich denke, für immer. Vor zwei Jahren habe ich es hier in Deutschland schon einmal versucht, aber ich konnte es nicht durchhalten. Ich habe zu der Zeit gedacht, daß ich dann als »richtige« muslimische Frau auch zu Hause bleiben muß, daß man dann nicht mit fremden Männern z. B. zusammenarbeiten darf, als Frau mit Kopftuch. Aber jetzt glaube ich, das stört den Islam gar nicht. Wenn ich von innen genau weiß, daß das von meiner Seite okay ist, dann geht das.

Es gibt viele Frauen, die Analphabetinnen sind. Und unser Koran ist auf Hocharabisch geschrieben, sehr gutes Hocharabisch. Es gibt Wörter, wenn man die nicht richtig versteht, nicht genau weiß, was sie bedeuten, dann hat man kein richtiges Gefühl für dieses Wort. Diese Worte spürt man im Herzen, wenn man den Koran auf Hocharabisch lesen kann. Dann hast du das Gefühl, jedes Wort gehört dir. Du verstehst und fühlst alles, das Gute und das Schlechte. Die schwierige Situation mit Leuten, die nicht lesen und schreiben können, ist die, daß da irgendeiner als Scheich kommen und ihnen etwas erzählen kann, ohne daß sie die Erfahrung machen konnten, den Koran gelesen zu haben. Sie wissen überhaupt nicht, was es wirklich bedeutet, oder ob das überhaupt zu unserer Religion gehört oder nicht. Also von Anfang an und bis heute versuchen viele Leute, unsere Religion auszunutzen. Und viele muslimische Leute haben das mitgemacht, ohne zu wissen, daß das so ist.

Alle, die etwas über den Islam wissen wollen, müssen selber den Koran lesen. Der Koran ist in viele Sprachen übersetzt. Man muß nicht Arabisch können. Trotzdem kann man den Koran lesen, allein, anstatt auf jeden Scheich zu hören oder auf jede Frau oder auf mich. Wahrscheinlich habe ich auch etwas Falsches gesagt. Aber ich sage nur meine Meinung. Aber vielleicht ist der Islam viel besser, als ich es erklären kann. Der Koran hat keine Sache vergessen, es steht alles drin, was unser Leben betrifft. Auch gegen andere Leute, die keine Religion haben oder die eine andere Religion haben, haben wir nichts. Früher haben die Leute gesagt, der Islam ist mit dem Schwert gekommen. Das stimmt nicht. Niemand kann dazu gezwungen werden, ein wirklicher Muslim zu werden oder zu sein. Niemand kann das überprüfen oder wissen. Ich weiß auch nicht, was morgen mit mir ist. Das ist ganz allein eine Sache zwischen den Menschen selbst und Gott. Wenn da einer ist, der alles über dich weiß, dann hast du Vertrauen zu ihm. Er weiß, wie gut du bist, oder wie schlecht du warst. Und er kann dir auch verzeihen. Ich liebe meinen Gott. Damit meine ich die echte Liebe, die nur meinem Gott gehört. Alles, was gut ist, hat er uns gegeben, und alles, was schlecht ist, haben wir selber gemacht. Das ist wirklich ein Sprichwort, das stimmt, wenn man darüber nachdenkt. Das heißt nicht, daß wir schlecht sind, aber wenn man Schlechtes tut, lügt oder stiehlt, folgen daraus schlechte Sachen.

Jetzt bete ich regelmäßig morgens, mittags, nachmittags und bevor ich ins Bett gehe. Früher habe ich das nicht so regelmäßig gemacht. Das Fasten habe ich immer eingehalten, seit ich vierzehn, fünfzehn Jahre alt war. Letztes Jahr hatte ich dann das Gefühl, als muslimische Frau fehlt mir jetzt nur noch das Kopftuch. Und ich bin ganz ehrlich, wenn ich sage, egal wieviel ich über den Islam weiß, ich habe nicht richtig daran geglaubt, daß Gott uns das Bedecken wirklich als religiöse Pflicht gegeben hat. Ich hab' immer gedacht, das käme irgendwo anders her. Aber jetzt trage ich das Kopftuch. Mit der Zeit habe ich das dann doch ganz richtig gefunden. Es tut mir sehr leid, daß ich jahrelang kein Kopftuch getragen habe. Und ich hoffe, daß ich es jetzt weiterhin schaffe, mein Kopftuch zu tragen. Es geht nicht um so einen schwarzen Tschador, mit dem die Frauen so als schwarze Dinger durch die Gegend laufen. Es geht darum, seine Schönheit, also das zu verbergen, was einem fremden Mann gefallen könnte. Ich möchte das nicht, daß mich ein Mann einfach so ansehen kann.

Meine Einstellung zum Islam hat sich, nachdem ich aus dem Libanon nach Deutschland gekommen bin, nicht verändert, also auch was z.B. die religiösen Pflichten betrifft.

Im Sommer sind hier die Tage sehr lang. Und im ersten Jahr in Deutschland war unser Ramazan, unser heiliger Fastenmonat, im Sommer. Im Libanon mußten wir meist nur bis sieben Uhr abends fasten und konnten dann essen. In diesem Sommer in Deutschland haben wir bis halb elf gefastet, weil erst da Sonnenuntergang war. Und ich habe so lange gefastet und gebetet. Muslim zu sein heißt für mich, mit meinem Gott zufrieden zu sein, gern zu beten zu meinem Gott und anderen Menschen nichts Schlimmes zuzufügen. Also ich bin hier schon einige Male in eine Moschee gegangen, aber irgendwie konnte ich da nichts mehr lernen.

Ich denke, Religion ist eine Sache, die jeder von uns braucht, seit unser Großvater Abraham den Gott gesucht und gefunden hat. Der Islam bedeutet alles für mich. Wir haben genug Probleme hier in unserem Leben. Und wenn man allein ist und nachdenkt, dann findet man seinen Weg durch die Religion, sag ich mal. Ich bin Muslimin, daher ist der Islam meine Religion. Aber wir haben ja schon mal darüber gesprochen, daß alle Religionen in meinen Augen eigentlich gleich sind. Es gibt einen Gott. Aber die Menschen haben damit gespielt und sich dabei dann getrennt. Ich als muslimische Frau denke, wenn ich meine Religion betrachte, daß der Islam der richtige Weg für mich ist. Islam heißt für mich, daß ich als Mensch nicht umsonst auf diese Welt gekommen bin. Islam heißt, daß mein Leben ein Sinn hat. Mein Glaube gibt mir Antworten auf die Fragen, warum ich eigentlich ein Mensch bin, warum ich eine Frau bin, was ich hier eigentlich tun soll, wann, bis wann und wie es weitergeht. Manchmal ist es vielleicht wie in der Schule, wo du auch lernen mußt. So müssen wir auch lernen. Der Islam bedeutet sehr sehr viel. Als Ehefrau weiß ich z.B. durch den Islam, daß ich mich nicht für andere Männer interessieren sollte, sondern nur für meinen Ehemann. Ich suche meine Zufriedenheit in meinem Zuhause und nicht draußen. Mein Mann und ich müssen uns akzeptieren.

Frauen und Männer sind eben ganz verschieden. Der Mann hat einen Weg, und die Frau hat einen anderen Weg.

Die Frau bekommt Kinder, aber nicht ohne ihn. Er allein kann sie aber auch nicht bekommen. Das heißt also, Frauen und Männer ergänzen sich gegenseitig. Wenn ich es akzeptiere, daß ich eine Frau bin und kein Mann, dann muß ich meinen Weg gehen. Gott hat die Frau für den Mann geschaffen. Aber nicht als Sklavin oder Putzfrau, sondern als Partnerin. Wir können viel für die Männer tun, sie unterstützen, aber auch beeinflussen in ihren Entscheidungen. Dafür müssen die Männer, die wirklichen Männer, uns dankbar sein. Das, was wir können, das können die Männer nämlich nicht. Wenn du deine Religion lebst, dann akzeptierst du, daß du eben nur mit deinem Mann zusammen bist. Du akzeptierst ihn, obwohl du vielleicht denkst, vielleicht gibt es hübschere oder so. Und das Kopftuch, wenn man es trägt, sorgt dafür, die Frau vor anderen Männern und ihren Blicken zu schützen. Dazu gehört auch, daß man als muslimische Frau nicht auffallend gekleidet auf die Straße geht, damit andere Männer dich nicht ansehen und sich Gedanken machen. Dann wärst du für alle Leute da, aber du bist ja gar nicht für alle Leute da. Es ist nicht verboten, z.B. auf der Arbeit, mit anderen Männern zu sprechen. Verboten ist es aber, mit einem fremden Mann ganz allein in einem Raum zu sein. Man sagt, wo Mann und Frau allein sind, da versucht der Teufel mitzuspielen. Und das passiert ja auch. Also, ich selbst schütze mich für mich, um den Leuten zu zeigen, ich bin nicht für euch alle, sondern ich hab mein eigenes Leben mit meinem Mann und meiner Familie.
Auch meine Kinder erziehe ich religiös. Wenn wir zu Hause sind, versuche ich ihnen oft religiöse Geschichten zu erzählen. Einer meiner Söhne hört gerne etwas über den Propheten Musa. Er sagt, wenn er selbst mal einen Sohn hat, dann soll der Musa heißen. Ich wohne an einem Ort, an dem die Kirche viel mit der Schule zu tun hat. Und dann kommen meine Kinder und fragen mich z.B.: Wie konnte Gott es zulassen, daß Jesus ans Kreuz gehängt wurde? Ein Gott ist doch stark, warum hat er es nicht verhindert, wo war er denn da? Darüber muß ich mit ihnen reden, es ihnen, soweit ich kann, erklären. Ich spreche mit

ihnen auch darüber, wer wir sind, was wir sind. Ich muß versuchen, sie zu Muslimen zu erziehen. Aber du kannst nicht wissen, ob sie auch als Muslime leben werden. Jeder Mensch geht seinen eigenen Weg. Aber ich möchte nicht, daß meine Kinder ihre Religion verlieren. Ich denke auch, daß es ihnen hier hilft. Wenn ich meinen Kindern sage, daß sie keinen Alkohol trinken dürfen als Muslime, dann kann ich ihnen doch betrunkene Leute zeigen, die nicht mehr wissen, was sie machen und sich ganz anders verhalten als normalerweise. Da hilft unsere Religion uns, unseren Weg als Menschen zu behalten. Es gibt auch noch andere Sachen, die den Menschen kaputtmachen, finde ich. So diese ganzen sexuellen Sachen, diese Kinos, in die selbst Kinder gehen können, wo sie Frauen angucken können. Das macht doch die Menschen und die Familien kaputt. Ich denke nicht, daß meine Kinder durch ihre Religion hier Schwierigkeiten haben, sich zurechtzufinden.
Der Islam ist eine Sache zwischen mir und meinem Gott, das ist im Herzen. Und die Sache, die du im Herzen hast, ist sicher fester als etwas anderes. Es hat nichts mit dem Äußeren zu tun, auch nicht damit, ob du ein Kopftuch trägst oder nicht. Viele Frauen tragen Kopftuch, um nach außen hin wie eine »richtige« muslimische Frau auszusehen, aber innen sieht es ganz anders aus. Obwohl sie vielleicht anders leben möchten, machen sie das dann so, weil dies vielleicht in ihrer Familie Tradition ist.
Wenn man über Religion spricht, dann spricht man über die Rechte der Menschen. Es ist unser Recht auf Leben, zu wissen, was Religion ist, was wir hier machen. Das ist die erste Frage, die jeder sich stellt. Was bin ich eigentlich, wieso bin ich hier, warum bin ich eine Frau und kein Mann, warum muß ich irgendwann sterben? Es gibt viele Fragen, die die Menschen beschäftigen. Und wenn man den Islam kennt, bekommt man viele richtige Antworten. Damit kann man zufrieden und einverstanden sein.
Ich habe mich viel auch mit deutschen Frauen unterhalten. Auch darüber, wie Männer und Frauen hier miteinander leben. Wie sich Frauen hier fühlen, wo Männer und Frauen sich einfach trennen, wenn sie sich nicht mehr mögen.

Was für ein Leben ist das eigentlich, wo es zwischen Männern und Frauen Freundschaft gibt, aber sie mehr nicht miteinander zu tun haben, weil sie gar nicht verheiratet sind oder einen gemeinsamen Plan haben für ihr Leben. Bisher hatte ich keine Probleme, darüber zu sprechen. Ich habe eine sehr gute Freundin. Sie macht eigentlich alles, was eine muslimische Frau auch tun soll. Sie ist ehrlich, lügt nicht, macht keine falschen Sachen. Ich finde sie richtig gut. Und eigentlich würde ich sie gern vom Islam überzeugen, weil sie keine eigene Religion hat. Sie gehört nicht zur Kirche, wie so viele Leute hier. Im Ramadan habe ich einmal zu einer Freundin gesagt, daß ich sie gern zum Islam bringen würde. Sie hat mich gefragt, warum. Und ich antwortete ihr, daß ich fühle, daß ich ein sehr köstliches Essen habe und es allein esse, dabei würde ich es gerne mit ihr teilen. Sie soll dazukommen. Ich habe etwas Gutes, nämlich meine Religion, und das möchte ich mit ihr teilen. Ich meine nicht, daß sie ein Kopftuch tragen soll oder so, sondern nur, daß sie an den einzigen Gott glaubt. Weil ich glaube, daß das die Wahrheit ist. Sie hat auch psychische Probleme, bei denen ich ihr helfen kann. Ich habe Schwierigkeiten damit, ihr alles auf deutsch zu erklären, deshalb habe ich ihr einen Koran geschenkt. Wenn ich Freundinnen mehr sagen will, als ich es auf deutsch kann, dann kaufe ich einen Koran, damit sie nachlesen können, was ich ihnen nicht richtig erklären kann. Ich möchte, wenn ich irgendwann vor Gott stehe, wenn wir alle bei ihm sind an diesem Tag, dann möchte ich ihn sehen. Schlechte Leute werden ihn nicht sehen können. Also muß ich den Weg zu ihm finden. Mein Wunsch ist es, daß alle Menschen irgendwann sehen, daß der Islam gut ist. Es gibt islamische Gruppen, die sagen, irgendwann haben wir die ganze Welt in der Hand, nämlich mit dem Schwert. Das meine ich natürlich nicht. Die Leute müssen freiwillig zum Islam kommen. Wenn man den Islam richtig erklären kann, dann ist das eine große Hilfe, das stört die anderen doch nicht.

Ich glaube, diese ganzen Vorurteile, die es gibt, das ist eine Sache, die in die Politik gehört. Von Anfang an hat es in der Geschichte Menschen mit anderen Religionen gegeben, die etwas gegen den Islam hatten und gegen ihn waren. Irgendwie scheint das jetzt so ein geheimer Krieg gegen den Islam, von ganzen unten. Es gibt z.B. eine schlechte Meinung über den Islam oder muslimische Frauen. Die Deutschen glauben, als muslimische Frau muß ich zu Hause bleiben, alles machen, und mein Mann benimmt sich wie ein Scheich zu Hause. Das alles stimmt überhaupt nicht. Die Leute kennen den Islam nur aus dem Fernsehen oder aus der Zeitung. Für mich ist es klar, daß die Politiker wollen, daß ihr euch als deutsche Frauen oder als europäische Frauen als etwas Besseres fühlt als wir. Das stimmt natürlich auch nicht. Ich finde, dagegen kann man nur etwas tun, indem man über den Islam erzählt und viel darüber redet. Wir brauchen unsere Freiheit hier. Es gibt sicher auch Gruppen im Islam, die den Islam verraten, neuere Gruppen, die mit der Religion Politik machen. Und die Deutschen sehen das und sagen, das ist der Islam. Islam ist nur Gewalt und Töten und Frauen mit Kopftüchern. Dabei sind das politische Gruppen, das ist nicht der Islam. Ich selbst bin wegen meines Kopftuches aber noch nicht schief angeguckt worden. Aber das ist auch noch neu für mich. Ich trage es erst seit ein paar Monaten. Nur manchmal gucken die Leute so ein bißchen komisch. Aber ich bin eine offene Frau, die auch aus den Augen ablesen kann, was die Leute denken. Und wenn genug Zeit ist, versuche ich dann auch zu fragen, was los ist.

Ich bin zufrieden, daß ich eine muslimische Frau bin. Ich bin zu Hause wie alle anderen Frauen auch. Ich habe einen sehr guten Mann, der mir auch zu Hause hilft. Modern zu sein und gleichzeitig als Muslimin zu leben, das schließt sich doch nicht aus. Ich arbeite z.B., und vom Islam her darf ich arbeiten und mein eigenes Geld für mich behalten. Das ist gesetzlich geregelt, obwohl man das ja machen kann wie man will. Mein Mann darf mir nur verbieten zu arbeiten, wenn er einen wirklichen Grund dafür hat. Wenn ich mich nicht mehr um meine Familie kümmere z.B., oder wenn meine Kinder nicht klarkommen, sie mich brauchen, wenn meine Familie darunter richtig leidet. Er muß sich natürlich auch um die Familie kümmern. Mein Mann arbeitet abends als Koch und kümmert sich vormittags um die Kinder, an den Tagen, an denen ich arbeiten gehe. Vielleicht wäre das anders, wenn ich täglich arbeiten würde. Ich arbeite nur an einigen Tagen in der Woche, das stört meine Familie nicht. Manchmal, wenn ich irgendwelche Probleme von der Arbeit mit nach Hause nehme, weil sie in meinem Kopf sind, dann spreche ich mit ihm darüber. Wir unterhalten uns über viele Sachen. Er redet über seine Arbeit, ich über meine Arbeit.

Ich denke, es ist so, daß viele Leute ein falsches Bild vom Islam und islamischen Frauen haben. Ich hoffe, ich konnte dieses Bild ein wenig aufklären. Ich bin sicher, daß ich vieles nicht gesagt habe. Ich habe nie eine deutsche Schule besucht, sondern ich habe die deutsche Sprache im Alltag gelernt. Dafür bin ich meinem Mann auch dankbar, daß er mir diese Freiheit läßt, so offen zu sein. Also mein Mann und auch meine Brüder hier in Deutschland, das sind eher moderne Männer, die mir sehr geholfen haben. Die haben nichts gegen Frauen. Die Deutschen denken immer, die muslimischen Männer passen nur immer auf ihre Frauen und Schwestern auf. Manchmal ist das auch so, aber mein Mann und meine Brüder haben mir sehr geholfen, daß ich mich hier zurechtfinde. Es ist nicht einfach, in einem fremden Land zu leben, mit einer fremden Sprache, fremden Leuten. Meine Brüder haben mir ein Stückchen ihrer Erfahrungen gegeben.

Was ich hier in Deutschland nicht gutfinde, das ist die Nachbarschaft. Daß jeder den anderen nur zufriedenläßt, ihn in Ruhe läßt und sich dabei überhaupt nicht mehr um seine Nachbarn kümmert. Es gab sicher auch hier irgendwann eine richtige Nachbarschaft. Aber die Deutschen haben das verloren. Das ist für uns auch eine Sache, die mit der Religion zu tun hat. Man muß sich um die Nachbarn kümmern. Und wenn du z.B. deinen Nachbarn eine Woche nicht siehst, dann mußt du zu ihm gehen und ihn fragen, wie es ihm geht und ob ihm etwas fehlt. Du mußt dich um ihn kümmern. Nachbarschaft ist sehr wichtig bei uns. Da ist es egal, ob es deutsche oder muslimische Nachbarn sind. Dazu gibt es eine Geschichte: Unser Prophet Mohammed hatte einen jüdischen Nachbarn. Und dieser Nachbar hat morgens den Schmutz und seinen Müll immer vor die Tür Mohammeds gestellt. Zwei, drei Tage fehlte der Müll draußen. Es gab keinen Dreck. Da hat Mohammed sich gefragt, was ist mit meinem Nachbarn los, und er ist zu ihm gegangen. Da sah er, daß sein Nachbar krank war und Hilfe brauchte. Und er hat ihm geholfen und alles gemacht, was ein Nachbar machen muß. Und da hat der Nachbar gesagt, wenn dir das deine Religion vorschreibt, daß du mir so hilfst, dann möchte ich deine Religion annehmen. Das heißt für uns, wir müssen die guten Sachen machen, um den anderen zu zeigen, wie der Islam ist. Aber man muß vorsichtig sein. Viele Leute, die gar keine Muslime sind, tun so, als seien sie Muslime und machen dann im Namen des Islam irgendwelche schlimmen Sachen, die gar nichts mit der Religion zu tun haben. Nur um zu zeigen, wie schlecht der Islam ist. Es gibt vieles, das im Namen des Islam gemacht wird, ohne daß es wirklich etwas mit der Religion zu tun hat.

»Sobald man ein Kopftuch trägt, meinen die Leute, man könne kaum lesen und schreiben«

Maryam ist eine deutsche Muslimin, die wir über die Tunesische Fraueninitiative kennengelernt haben. Sie ist 37 Jahre alt, verheiratet und hat drei Kinder. Sie hat ein naturwissenschaftliches Studium abgeschlossen.

Zu Hause bei meinen Eltern hat Religion keine Rolle gespielt, überhaupt nicht. Aber bei meinen Großeltern schon. Und da ich in einer Großfamilie aufgewachsen bin, war ich schon mit religiösen Menschen zusammen. Irgendwann habe ich mich dann auch selbst für die Religion interessiert. Bis ich auf den Islam gestoßen bin, gab es einen Umweg über das Christentum. Gewissermaßen war ich immer auf der Suche nach der Wahrheit. Und ich habe versucht, sie auch im Christentum zu finden. Ich habe meine Großeltern sehr viel befragt oder die Lehrer in der Schule oder später dann im Konfirmandenunterricht den Pastor. Ich bekam aber keine Antwort oder jedenfalls keine Antworten, die mich befriedigten. Es hieß dann teilweise, du mußt warten, bis du größer bist. Und als ich dann ein paar Jahre später noch mal gefragt habe, hieß es, wenn du nicht im Besitz der göttlichen Gnade bist, kannst du das sowieso nicht verstehen. Das war dann für mich der Punkt, an dem ich feststellte, gut, dann ist das offenbar nicht der richtige Weg für mich. Ich habe mich dann von der Kirche ganz abgewendet. Das war genau der Zeitpunkt, zu dem wir einen Schüleraustausch gemacht haben in Frankreich. Da war ich ungefähr sechzehn, siebzehn Jahre alt. Und in Frankreich habe ich dann ein algerisches Mädchen kennengelernt. Bis dahin hatte ich überhaupt keine Ahnung, wo Algerien liegt, oder was das für ein Land ist. Ich habe mich dann aber sehr intensiv mit Algerien beschäftigt. Ich habe mir in der Stadtbibliothek alles besorgt, was es da an Literatur gab. Und dann bin ich über die Beschäftigung mit diesem Land auf den Islam gestoßen. Also irgendwie war da eine sehr große Anziehungskraft. Ich habe angefangen, mir alles, was es so an Schriften über den Islam gab, zu besor-

gen und zu lesen. Außerdem habe ich mich sehr viel mit diesem Mädchen ausgetauscht. Und ich hatte dann ein »Aha-Erlebnis« nach dem anderen. Es erschien mir alles absolut logisch, und es war immer mehr die Überzeugung da, genau das ist es, was ich gesucht habe. Und irgendwann war mir ganz klar, das ist der Weg, den ich gehe. Mich interessierten ganz essentielle Fragen: Wer bin ich, wo komme ich her und, vor allem, wo gehe ich hin? Vor allen Dingen auch die Frage »Wo gehe ich hin?« war für mich sehr wichtig, weil ich eine Freundin hatte, gleichzeitig meine Cousine, die durch einen dramatischen Unfall starb. Das hat sehr viel in mir ausgelöst. Eben diese Fragen: »Wo gehe ich hin?« oder »Wo ist sie hingegangen?« oder »Warum ist das passiert?«, »Warum hat Gott das zugelassen?«, »Wie kann ich jetzt weitermachen?«. Ich hatte das Gefühl, das Leben ist für mich zu Ende. Ich hatte ernsthafte Selbstmordabsichten, weil ich gedacht habe, ich kann ohne diese Freundin nicht leben. Und wenn ich dann nicht später auf den Islam gestoßen wäre, wäre ich wahrscheinlich immer etwas haltlos geblieben. Sehr haltlos wahrscheinlich ...
Ich bin dann auch öfter nach Nordafrika gefahren und habe dort einige Zeit verbracht. Es ist mir nicht schwierig vorgekommen, meinen religiösen Alltag hier zu leben, weil ich irgendwie das Gefühl hatte, ich habe sowieso nie etwas anderes gemacht, als den Islam zu leben. Ich habe also nicht, bevor ich nun den Islam angenommen habe, völlig anders gelebt, sondern das war eigentlich nur ein »Klarwerden« über Dinge, die vorher auch schon da waren. Ich habe das nur als Bestätigung empfunden, nicht als etwas völlig Neues, das vorher überhaupt gar nicht da gewesen ist. Ich habe dann in einer Moschee einen sogenannten Islamunterricht besucht, speziell ausgerichtet auf Konvertiten. Und nachdem der türkische Hodscha dann zu der Ansicht gelangt war, ich hätte jetzt genügend Wissen, haben wir einen Termin in der Moschee vereinbart. Und dort habe ich dann ganz offiziell vor Zeugen das Glaubensbekenntnis gesprochen. Da war ich einundzwanzig. Diese Auseinandersetzung mit dem Islam im Alter von siebzehn bis einundzwanzig, das war schon ein langer Zeitraum und sehr intensiv.

Was meinen religiösen Alltag betrifft, da habe ich mir am Anfang z.B. überhaupt keine Gedanken über das Kopftuch gemacht. Ich war der festen Überzeugung, daß es hier in dieser Gesellschaft völlig unmöglich ist, ein Kopftuch zu tragen. Ich habe das Kopftuch immer aufgesetzt, wenn ich ins Ausland gefahren bin, z. B. nach Algerien. Aber wenn mir jemand gesagt oder von mir verlangt hätte, daß ich das hier nun in Deutschland tragen sollte, hätte ich vermutlich darüber gelacht. Und nach vielen kopftuchlosen Jahren begann es dann. So ein Gefühl aus dem Bauch heraus, daß ich mir langsam etwas komisch vorkam: Immer wenn ich zur Arbeit fuhr, war ich ohne Kopftuch, und wenn ich zur Moschee ging oder muslimische Freunde besuchte, mit Kopftuch. In zunehmenden Maße kam ich mir regelrecht schizophren vor. Das waren ja zwei völlig verschiedene Rollen, die ich spielte. Ich bin dann zu meinem Chef gegangen und habe ihm gesagt, daß ich mich entschlossen habe, mich zu bedecken. Er meinte, er hätte nichts dagegen, aber es dürfe nicht islamisch aussehen. Ich habe dann einen Seidenschal über den Kopf gelegt und einen Hut aufgesetzt. Und dadurch, daß ich im Außendienst war und immer rein und raus mußte, den ganzen Tag, fand es auch niemand merkwürdig, daß ich immer einen Hut aufhatte. Außerdem kam mir noch ein Unfall zu Hilfe, bei dem ich mich am Hals und Nacken mit kochendem Wasser verbrannt habe. Da ich auf keinen Fall ins Krankenhaus wollte und es zu Hause wegen der Schmerzen auch nur einen Tag ausgehalten habe, habe ich meinem Chef gesagt, daß ich arbeiten will. Nun ging es aber natürlich nicht, daß ich mit all diesen Verbänden unter die Leute ging, also mußte ich mich zwangsläufig etwas stark bedecken, als es mit Seidenschal und Hut möglich war. Ja, und das hat dann den Ausschlag gegeben, das Kopftuch aufzulassen. Nach meinem jetzigem Verständnis gehört das Kopftuchtragen zu den religiösen Pflichten einer muslimischer Frau. Aber ich gebe kein Urteil drüber ab, wenn andere Frauen es nicht tragen. Nein, das hat jede Frau für sich selbst zu verantworten.

Es ist schwierig zu beschreiben, wie das eigene Selbstverständnis als muslimische Frau aussieht. Ich würde sagen, zum einen bedeutet es, die Welt, das Leben oder eben alles, was man tut, aus einem islamischen Blickwinkel heraus zu betrachten. Das Ziel ist es, ein gottgefälliges Leben zu führen. So zu leben, wie Gott es verlangt. Das ist also nicht immer in allen Aspekten völlig klar. Also muß man sehr viel Forschung betreiben und sich immer wieder die Frage stellen: Was verlangt Gott, oder was will er, oder: Ist dieses oder jenes richtig nach seinen Maßstäben? Es liegt auf der Hand, daß mein religiöses Selbstverständnis völlig anders aussieht als das meiner Eltern. Am Anfang dachten sie, naja, sie hat schon alle möglichen außergewöhnlichen Dinge gemacht, das wird jetzt ein paar Jahre dauern, aber dann wird sie wieder »normal« werden. Inzwischen haben sie die Hoffnung aufgegeben, daß ich ihre Erwartungen erfülle. Sie akzeptieren mich in dem Sinne, daß sie nicht ständig etwas dagegen sagen, zumindest nicht offen. Aber es ist aus den Umgangsformen oder auch speziell aus besonderen Bemerkungen erkennbar, daß sie nicht glücklich damit sind. Soziale Beziehungen, mein Umfeld, Freundinnen und Bekannte, das sind vorwiegend Muslime. »Emanzipation«, das ist wirklich ein sehr sehr überstrapaziertes Wort, das ich überhaupt nicht mag. Schon gar nicht auf dem Hintergrund dieser Gesellschaft im Vergleich zum Islam, denn in dieser Gesellschaft halten sich die Frauen für emanzipiert, sind es aber meiner Ansicht nach genauso wenig wie die Frauen in etlichen anderen Ländern. Was jetzt nicht heißt, daß die muslimischen Frauen per se emanzipierter sind. Aber sie könnten es sein, wenn sie sich über ihre Rechte im klaren wären, und wenn vor allen Dingen die Männer diese Rechte auch besser kennen und akzeptieren würden. Von daher, denke ich, sind die Konflikte ähnlich. Die Männer hier mögen emanzipierte Frauen im Prinzip nicht so sehr gern. Emanzipiert im Sinne von selbstständig. Und das ist bei muslimischen Männern nicht anders. Ich denke, daß die Selbstbestimmung von Frauen im Islam möglich ist, aber in den gottgegebenen Grenzen. Solange göttliche Gesetze nicht verletzt werden, ist jede Möglichkeit für Selbstbestimmung gegeben, aber eben nicht über diese Grenzen hinaus.

Ich habe Probleme mit dem Wort »Integration«. Denn das, was in dieser Gesellschaft unter Integration verstanden wird, ist meist die totale Anpassung, und das hat mit Integration nichts zu tun. Dann sollte man das Ganze auch ganz klar Anpassung nennen und Anpassung fordern, aber nicht von Integration reden. Wenn ich z. B. an den Unterricht in Schulen denke: In der letzten Vorweihnachtszeit wurde in der Schule von meiner Tochter sehr intensiv das Weihnachtsmärchen besprochen. Es wurde auch eine Krippe gebaut und dann das Jesu-Baby in diese Krippe gelegt. Und meine Tochter kam ganz entsetzt wieder und sagte, in der Schule erzählen sie, daß der Prophet Isaa in einem Futtertopf für Tiere gelegen haben soll, und daß seine Mutter Maryam verheiratet war. Darüber war sie total entsetzt, weil sie das so nicht kannte. Und sie hat das dann auch der Lehrerin gesagt, daß das für sie anders ist. Und die Integration wäre jetzt, daß die Lehrerin sagt, bei den Muslimen wird das so gesehen, und bei uns wird das so gesehen, und daß sie beides nebeneinander stehen läßt. Das hat sie aber nicht gemacht. Sie hat gesagt, nein, so ist das richtig. Damit hat sie meine Tochter total überfahren und ihr in keiner Form die Möglichkeit gegeben zu erzählen, wie sie es sieht. Das ist nicht Integration, in keiner Weise. Hier wird von anderer Seite bestimmt, was Kultur ist und was zu gelten hat.
Ich sehe es so, daß der Islam also in jedem Fall eine Bereicherung für das gesellschaftliche Leben darstellen kann. Ich denke, er könnte noch eine sehr viel größere Bereicherung darstellen, wenn man ihm etwas offener begegnen würde. Das setzt aber voraus, daß der Islam auch gesellschaftlich akzeptiert wird. Das ist der Punkt. Ich habe immer wieder die Erfahrung gemacht, daß die Leute nur ihre Vorurteile bestätigt haben wollen. Niemand ist bereit, wirklich offen zuzuhören oder in irgendeiner Form mal anders zu denken. Es wollen alle nur ihre Vorurteile bestätigt hören, und der Islam wird gerade bei dem Thema »Frauen und Islam« reduziert auf das Kopftuch, auf die Polygamie und das Erbrecht. Er wird reduziert auf bestimmte Dinge, aber für die Lehre interessiert sich kaum jemand.

Die größte Chance für Gespräche und Dialoge über den Islam sehe ich in persönlichen Kontakten im jeweiligen Umfeld, eben die Nachbarn, die Kollegen, die Kindergärtnerinnen, die Lehrer, mit denen man zu tun hat oder Trainer im Sportverein. Also wirklich persönliche Kontakte. Wenn man jemanden persönlich kennt oder wenn nur die Verbindung besteht, daß die Kinder den gleichen Kurs besuchen, sind die Leute meistens offenerer, als wenn irgendwo ein Vortrag anberaumt wird und dort alle mehr oder weniger erwartungsvoll sitzen. Also praktisch eine Arbeit von unten, nicht auf oberen Ebenen, sondern wirklich an der Basis.
Außerhalb meines Freundeskreises habe ich in dieser Gesellschaft sehr unterschiedliche Erfahrungen gemacht. Früher habe ich in Bonn gelebt, und dort sind sehr viele Botschaften. Und die muslimischen Frauen in dieser Stadt werden ganz anders behandelt als hier. Wenn z. B. in Bonn eine muslimische Frau in ein Geschäft hineingeht, weiß keiner der Anwesenden: Ist das jetzt die Frau des Botschafters von Saudi-Arabien oder ist das eine ganz normale Hausfrau von nebenan. Oder wenn mehrere muslimische Frauen auf einem Spielplatz sitzen und ihren Kindern zugucken, werden die völlig anders behandelt als hier. Hier geht man schon davon aus, daß sie sich in irgendwelchen unteren Schichten bewegen, und selbst wenn man ihnen freundlich begegnet, ist da irgendwie immer im Hinterkopf, gerade was Schulbildung anbelangt, daß muslimische Frauen nicht sehr gebildet sein können. Ich habe jetzt gerade meinen Sohn zur Schule angemeldet. Die Sekretärin sprach sehr langsam, aber ich dachte, naja, vielleicht hat sie irgendeinen Sprachfehler oder ist noch nicht ganz wach. Aber dann fragte sie, ob sie mir bei dem Ausfüllen der Formulare helfen solle, ob ich irgendwelche Fragen hätte. Und das fragte sie immer wieder. Hinterher habe ich mir gesagt, beim nächsten Mal hänge ich mir meine Diplomurkunde um den Hals, denn sobald man ein Kopftuch trägt, meinen die Leute, man könne kaum lesen und schreiben, schon gar nicht Deutsch. Und wenn, dann sind diese Kenntnisse nur ganz rudimentär vorhanden. Das finde ich immer wieder erschreckend.

»Ich trage mit Stolz und Würde ein Kopftuch«[*]

Ich bin 38 Jahre alt und lebe seit 1965 in Deutschland. Ich bin aufgrund der Familienzusammenführung nach Deutschland gekommen. Ich komme aus der Türkei, aus Istanbul. Meine Ausbildung sah so aus: Hauptschule, Berufsfachschule Bereich Hauswirtschaft, Übungsleiterinnenausbildung für Funktionsgymnastik. Zur Zeit bin ich als Leiterin einer Kindergruppe tätig, daneben gebe ich einen Alphabetisierungskurs für türkische Frauen und studiere Erwachsenenweiterbildung (Wissenschaft und Geschichte der Erwachsenenweiterbildung) an der Uni Bremen. Außerdem bin ich ehrenamtlich aktiv in einem gemeinnützigen Frauenverein. Ich bin geschieden und habe vier Kinder. Ich bin eine religiöse, gläubige Hanefi[**]

Bei uns zu Hause hat Religion keine Rolle gespielt. Ich bin auch nicht religiös erzogen worden. Für meine Eltern war eine religiöse Erziehung nicht so wichtig. Ich habe mich irgendwann für die Religion interessiert und mich dafür entschieden. Das war eine bewußte Entscheidung. Ich habe mit vierzehn Jahren angefangen, meinen Lebensweg zu suchen. Ich habe begonnen, den Kapitalismus, Faschismus und Kommunismus eingehend zu untersuchen. Für mich war es wichtig, zu erfahren, was die Menschen sich dabei denken. Meine Suche hat ungefähr zehn Jahre gedauert. Dann habe ich 1984 meinen richtigen Weg gefunden. Ich lebe meine Religion sehr aktiv. Wir, die Muslimische Frauengemeinschaft, veranstalten Seminare, Kurse, halten Referate, machen Öffentlichkeitsarbeit u.v.m. Auch die religiösen Pflichten erfülle ich. Ich bete fünfmal am Tag, lese den Koran auf Arabisch und Türkisch und zum Vergleich auch auf Deutsch. Ich habe leider sehr wenig Zeit, weil ich viel unterwegs bin. Ich möchte meine Religion gern noch intensiver leben und noch mehr darüber lernen.

* Die Fragen wurde schriftlich beantwortet.

** Hanefi bezieht sich auf eine der vier anerkannten sunnitischen Rechtsschulen im Islam, benannt nach ihrem Begründer Abu Hanafi (999-767 v. Chr.). Sunnitische türkische Muslime gehören mehrheitlich der hanefitischen Rechtsschule an.

Das Tragen eines Kopftuches gehört zu den religiösen Pflichten dazu. Denn es gibt im Koran die Sure An-Nur, Vers 31, in der es vorgeschrieben ist, wie eine Muslima sich bedecken muß. Es ist eine Pflicht. Ja, ich trage mit Stolz und Würde ein Kopftuch. Damit fühle ich mich freier, vollkommener, emanzipierter. Nachdem ich die Fatih-Moschee in Bremen kennengelernt habe, habe ich angefangen, das Kopftuch zu tragen. Durch das Verhalten und die Lebensweise der Menschen dort habe ich mit Allahs Hilfe den Islam ganz angenommen, wie es im Koran steht. Alles, was es beinhaltet, nichts ausgenommen.

Ich habe zu fast allen Moscheen Kontakte. Wir kommen mit den Moscheen sehr gut klar. Ich habe nur gute Erfahrungen gemacht. In den Moscheen gibt es Veranstaltungen, Korankurse, Sprachkurse, Nähkurse, Vorlesungen für Studentinnen, Feste für Jugendliche, Wettbewerbe, Ausflüge, Solidarische Tage, Kermes* Modenschauen u.v.m. Ich besuche auch andere Veranstaltungen und nehme an Fortbildungen teil oder gebe selber Seminare und Kurse. Das ist fast schon mein Leben. Ich fühle mich bewußt als religiöse muslimische Frau und versuche, für mich und für andere Menschen das Beste daraus zu machen. Mein religiöses Selbstverständnis unterscheidet sich sehr von dem meiner Eltern und deren Generation. Für mich bringt Religion Leben. Ich glaube und lebe und möchte mich dafür auch mit meinen Taten einsetzen und kämpfen.

Emanzipation ist für mich, so zu leben, wie ich glaube. Für mich sind alle Menschen heilig, weil sie Menschen sind. Wenn sie mich akzeptieren, kann ich auch mit ihnen leben. Es ist ein sehr wichtiger Punkt im Leben, daß diese Harmonie auch in der Ehe stimmt, daß die Frau nicht nur zum Abwaschen da ist, daß der Mann auch mal die Hausarbeiten macht und die Kinder betreut. All das und vieles mehr wird im Koran befürwortet. Die Frau wird sehr hoch geschätzt. Der gläubige Mann sollte viel fürsorglicher sein als der Ungläubige, weil das von einem gläubigen Mann so erwartet wird. Das ist das Wichtigste. Der Koran verbindet

* Bazare

eine muslimische Familie, und Gott ist der Schöpfer selbst. Seine wahren Gesetze werden wahrgenommen und nicht die, die Sterbliche erfunden haben, die nie vollkommen sind. Für meine Emanzipation ist auch die Sunna wichtig. Sunna, das sind die Taten, Worte und stillschweigende Billigung des Propheten Muhammad (Allahs Segen und Friede sei mit ihm).

Ich glaube nicht, daß die Religion für meine Kinder und für mich wichtig ist, um eine Identität in Deutschland zu entwickeln. Es ist wichtig, daß die Menschen das wollen, womit sie zufrieden leben können, daß sie danach streben. Man muß sein Wissen erweitern und die wahre Geschichte entdecken, sich nicht mit Unnützem beschäftigen. Der Schöpfer hat uns vollkommen erschaffen. Und wenn man sich ein wenig anstrengt mit Vernunft, Klugheit, Weisheit und Überlegung, dann spielt das Leben und der Aufenthaltsort keine Rolle.

Was versteht man eigentlich unter Integration? Für mich ist die Definition von Integration sehr wichtig. Das Fatale daran ist, daß zwar alle von Integration reden, aber kaum einer versucht, genauer zu sagen, was darunter eigentlich verstanden werden muß. Es gibt weder eine politische noch eine moralische Alternative zur sozialen Integration der in Deutschland lebenden Ausländer, geschweige denn für Muslime aus aller Welt. Was müssen wir denn noch machen, damit man uns als integriert ansieht? Ob die Religion eine Integration in die Gesellschaft fördern kann oder ein Hindernis darstellt? Was ist das für eine Frage? Natürlich, meine Religion, also der Islam selber, fördert die Menschen dabei, sich zu integrieren. Der Islam ist eine moderne Weltanschauung. Aber wenn man hier statt der Integration Assimilation meint, was meistens dahintersteckt, dann ist das eine Zumutung. In einem demokratischen Land kann man sein Leben gestalten, ohne gegen das Gesetz zu verstoßen oder jemandem Schaden zuzufügen. Man kann frei und unabhängig leben. Das steht auch ungefähr so in der Verfassung.

Ich habe zu sehr vielen Frauen Kontakt, die anderen Konfessionen angehören. Wir, also die Muslimische Frauengemeinschaft, veranstalten sehr viele Seminare und kleinere Gesprächsgruppen. Ich muß hier leider sagen, daß die Nachfrage sehr gering ist. Man verlangt von uns, daß wir uns integrieren sollen, aber auf der anderen Seite ist die Bevölkerung voller Vorurteile. Jeder zweite Nicht-Muslim sieht in einer bedeckten Muslima, daß sie unterdrückt wird, daß sie, weil sie ein Kopftuch trägt, behindert ist, oder daß sie gezwungen wird, das Kopftuch zu tragen. Es gibt sehr viele andere Dinge in Deutschland, über die man sich den Kopf zerbrechen müßte, statt über die Muslime. Ich werde außerhalb meines Freundeskreises als emanzipiert, aktiv, also ganz anders als das Klischeebild der Muslima, wahrgenommen. In den Seminaren über die Stellung der Frau im Islam sagen die Teilnehmerinnen hinterher, daß sie jetzt ein ganz anderes Bild vom Islam und von der islamischen Frau haben.

Es gibt für einen islamisch-christlichen Dialog viele Möglichkeiten durch Offenheit, Nächstenliebe und Veranstaltungen. Das Zuhören ist wichtig und Toleranz, Treffen z.B. zwischen dem Vorstand einer Kirchengemeinde und dem Vorstand der Muslimischen Frauengemeinschaft, die zwei, dreimal im Jahr stattfinden. Hier muß ich betonen, daß wir, wenn es nicht unbedingt anders ein muß, lieber unter Frauen bleiben. Das soll nicht falsch verstanden werden. Wir muslimischen Frauen haben Achtung vor den Männern, aber unsere Religion schreibt uns vor, daß wir unnötige Begegnungen mit fremden Männern zu vermeiden haben. Die Schwierigkeiten, so sehe ich es, sind, daß die Kirchengemeinden wenig weibliche Vorstandsmitglieder haben, die ohne den Pfarrer mit uns zusammenarbeiten können. Sie sind nicht frei genug, mit uns z.B. eine Veranstaltung zu machen. Das ist keine Beleidigung. Aber bis jetzt haben wir nur solche Erfahrungen gemacht. Sie sind sehr streng und nicht offen. Die christlichen Frauen müßten viel engagierter, viel ideenreicher sein und nicht immer nur an ihre Mission denken, also sie müßten toleranter und menschlicher werden. Wir, die Musliminnen, sind für eine Zusammenarbeit, für einen Dialog zwischen den Religionen und Kulturen. Dazu sind wir immer bereit.

Wie gesagt, solange es unter Frauen stattfindet. Was die Männer machen wollen, dazu stehen unsere Brüder zur Verfügung. Wir wünschen uns, daß die Christen uns Muslime als Menschen ansehen. Dann denke ich, daß viele Probleme beiseite zu schaffen sind.

Schlußwort

Mit der vorliegenden Studie haben wir versucht, einen Einblick in die religiösen Lebenswelten muslimischer Frauen in Bremen zu geben, und gemeinsam mit ihnen zu dokumentieren, welche Bedeutung der Islam für sie hat und wie sie ihren Glauben leben.[1] Im Mittelpunkt unserer Studie steht also die »Alltagsreligiosität« dieser Frauen, die als Grundlage für ein angemessenes Verständnis ihrer religiösen Lebenswelten zu sehen ist. Dies bedeutet jedoch gleichzeitig, daß ihre Aussagen und Interpretationen sich teilweise von der islamischen Lehre, wie sie beispielsweise von islamischen Theologen vertreten wird, unterscheiden. Es ist uns jedoch wichtig, die Betreffenden als »Expertinnen« für den eigenen Glauben mit ihren unterschiedlichen Aussagen ernst zu nehmen und ihre Interpretationen zu akzeptieren. Dabei soll keinesfalls zwischen »falscher« und »richtiger« Religiosität unterschieden werden. Es geht vielmehr darum, gelebte Religion in ihren individuellen Ausprägungen zu dokumentieren. Denn obwohl dieses Buch nur einen kleinen Ausschnitt zeigen kann, wird durch die Erzählungen der Frauen doch die Vielfalt ihres religiösen Alltagslebens deutlich. Unsere Gesprächspartnerinnen bezeichnen sich selbst als gläubige Musliminnen und als vom Islam geprägt. Alle aber verstehen und leben ihren Glauben, ihre Religion sehr unterschiedlich. Sie sind religiöse Laien, die in ihre Religion durch eine entsprechende Sozialisation hineingewachsen sind. Es zeigt sich jedoch, daß sie ihr religiöses Wissen sowie übernommene Werte

1 Das Konzept der »Lebenswelt« wurde bereits in den 30er Jahren von Alfred Schütz aus der verstehenden Soziologie Max Webers heraus entwickelt. Lebenswelt ist ein Strukturbegriff, durch den der Bereich des selbstverständlichen und traditionellen Handelns kennzeichnet wird. Auf das Konzept der Lebenswelt geht besonders Lutz in ihren Arbeiten über türkische Migrantinnen als »Mittlerinnen« zwischen unterschiedlichen gesellschaftlichen und kulturellen Gruppen ein. Vgl. Lutz 1991.

und Vorstellungen nach persönlichen Vorstellungen weiterentwickelt haben. Deutlich wird, daß die Frauen Religion als einen selbstverständlichen Teil ihres Lebens verstehen und gestalten, wobei dieses nicht unbedingt nach festgelegten religiösen Regeln des Islam ausgerichtet sein muß. Ausgangspunkt für die Beschäftigung mit der eigenen Religion sind für viele existentielle Fragen nach dem Sinn und Ziel des eigenen Lebens, die zum Teil an bestimmten individuellen biographischen Ereignissen festgemacht werden. Hierin zeigt sich die grundlegende Bedeutung von Religion für die Einzelne: »Islam heißt für mich, daß mein Leben einen Sinn hat, daß ich nicht umsonst auf diese Welt gekommen bin.«[2] In ihrem Glauben an Gott finden die Frauen Hilfe und Unterstützung für ihr tägliches Leben. Der Glaube spendet ihnen Trost und gibt ihnen Kraft und Stärke für ihren Alltag. Er vermittelt ihnen das Gefühl der Geborgenheit und des Vertrauens sich selbst und anderen gegenüber. Als ganz wesentliche Inhalte des eigenen Glaubens werden von den Frauen das Vertrauen, die Akzeptanz und die Liebe anderen Menschen gegenüber betont, wobei die Liebe zu Gott von ihnen als eine ganz besondere Form der Liebe gesehen wird. Für unsere Gesprächspartnerinnen stellt der eigene Glaube also eine sehr individuelle Angelegenheit und Beziehung zu Gott dar. Für den überwiegenden Teil der Frauen treten dabei religiöse Pflichten eher in den Hintergrund. Wie unterschiedlich die einzelnen Frauen, die mit uns gesprochen haben, Religion in ihrem Alltag gestalten, wird anhand der unterschiedlichen Haltungen religiöser Vorschriften und Pflichten gegenüber sichtbar. Obwohl diese zum Teil bejaht werden, fühlen sich die meisten Frauen aus verschiedenen Gründen jedoch nicht in der Lage, religiösen Pflichten wie beispielsweise dem regelmäßigen täglichem Gebet vollständig nachzukommen. Dies wird jedoch als persönliche Entscheidung betrachtet. Religiöse Vorschriften werden zum Teil von den Frauen auf ihre Sinnhaftigkeit hin überprüft und nach persönlichen Vor-

2 Vgl. Gespräch mit Marwa.

stellungen gestaltet. Diese zeigt sich beispielsweise bei der Frage, auf welche Weise die Zusammenarbeit mit Männern für Frauen im Islam akzeptabel ist, oder wie Beruf und Familie aus islamischer Sicht miteinander zu vereinbaren sind.[3] Dabei werden auch betreffende Aussagen des Koran untersucht und teilweise historisch relativiert, wie beispielsweise das Gebot sich angemessen zu kleiden oder Alkohol zu meiden. Von den Frauen wurde mehrmals betont, daß sie es als ihre selbstbestimmte Entscheidung betrachten, religiöse Vorschriften zu befolgen, individuelle Kompromisse zu finden oder diese abzulehnen. Für andere Frauen ist es dagegen sehr wichtig, dem Anspruch nach ein »gottgefälliges Leben zu führen, die Welt, das eigene Leben, alles, was man tut, aus einem islamischen Blickwinkel zu betrachten, und immer wieder zu fragen, was richtig ist.«[4] Der Islam bietet den Frauen einen Orientierungsrahmen, an dem das eigene Leben ausgerichtet wird, wobei religiöse Vorschriften des Koran als grundlegende Richtlinien genannt werden. Diese Basis gilt den Frauen als ein Ideal eines gottgefälligen Lebens, das angestrebt werden sollte, dem eigenen Leben oftmals jedoch nicht entspricht.

Unabhängig vom unterschiedlichen Umgang mit religiösen Pflichten berichten die meisten Frauen davon, daß sie bemüht sind, sich stärker mit der eigenen Religion zu beschäftigen und diese besser kennenzulernen. In diesem Zusammenhang ist uns die unterschiedliche Verwendung der Begriffe Religion und Glauben aufgefallen. Häufig stellten wir fest, daß die Frauen mit geringen Deutschkenntnissen weniger das türkische Wort »din« für Religion verwendeten, sondern dann von »inanç«, dem »Glauben«, sprachen. Unserer Meinung nach hat dies damit zu tun, daß diese Frauen sich zum Teil weniger auf einer theoretischen Ebene mit dem Islam auseinandergesetzt haben. Ihr religiöses Wissen wurde ihnen vielmehr durch mündliche Überlieferung von Eltern und

3 Vgl. hierzu z.B. die Gespräche mit Marwa und Maryam.
4 Vgl. Gespräch mit Maryam.

Großeltern als deren Tradition vermittelt und der Glaube wurde ihnen als etwas Selbstverständliches vorgelebt. Der Begriff »Glaube« wurde jedoch auch dann verwendet, wenn die persönliche, spirituelle Dimension von Religion angesprochen wurde. Jüngere Frauen der zweiten Generation haben dagegen eher von Religion als von Glauben gesprochen. Gerade für sie ist die eigene Auseinandersetzung mit der Religion sehr wichtig. Nach dem Motto: »Ich forsche lieber selber nach ...« geht es ihnen darum, die eigene Religion besser kennenzulernen und eigene Kenntnisse über den Islam und religiöse Vorschriften zu gewinnen. Teilweise geschieht dies auch, um in Auseinandersetzungen mit den Eltern religiöse Kenntnisse als Argumente einsetzen zu können, die von den Eltern akzeptiert werden müssen. Sie weisen darauf hin, daß sie eigentlich mehr über den Islam wissen als die eigenen Eltern. In diesem Zusammenhang wird deutlich, daß die Auseinandersetzung mit dem Islam auch deshalb stattfindet, weil sie auf der Suche nach einer eigenen Identität jenseits von Nationalitätszugehörigkeiten sind. Die Zugehörigkeit zu einer Gemeinschaft, die nicht abhängig ist von Nationalitäten, bietet den jungen Frauen das Gefühl der Sicherheit und der Geborgenheit. Das Gefühl sowohl in der Türkei als auch in Deutschland »fremd« zu sein, wird durch den Islam als ihr »Zuhause«, als etwas, das ihnen gehört, aufgefangen. Gleichzeitig betonen sie jedoch, daß sie natürlich kulturelle Elemente beider Kulturen im eigenen Leben vereinen und so eine eigene, neue kulturelle Identität entwickeln, die durch verschiedene kulturelle Lebenswelten mitbestimmt ist.[5] Wir weisen darauf hin, daß es wichtig ist, kulturelle Identität als lebenslangen Prozeß zu sehen. Es kann also hierbei nicht um die Entscheidung zwischen »zwei Identitäten« gehen,

5 Nur eine von den jüngeren Gesprächspartnerinnen betonte, daß sie der Religion keine besondere Bedeutung für die individuelle Identitätsfindung beimesse. Andere wiederum fanden die Religion in diesem Zusammenhang zwar wichtig, machten jedoch mehrmals darauf aufmerksam, daß es ihrer Meinung nach keinen Unterschied mache, wo man als Muslimin lebt.

sondern um den individuellen und kreativen Umgang mit unterschiedlichen kulturellen Elementen, wobei die eigene Religion ein wesentlicher Bestandteil von Kultur ist. In der Literatur wird der Islam als zentraler Faktor für die Identitätsentwicklung junger Migrantinnen äußerst negativ bewertet. Es wird davon ausgegangen, daß sich Kultur- und Identitätskonflikte der zweiten Generation durch den Islam verstärken und eine Integration in die deutsche Gesellschaft durch den Islam behindert würde. Mit Sicherheit existierende Probleme innerhalb der Familie wie Generationskonflikte, Auseinandersetzungen mit den Eltern über persönliche Freiräume und dogmatischer Umgang und Auslegung religiöser Vorschriften sollen keineswegs geleugnet werden. Dennoch ist es nicht so, daß die Betreffenden diesen Problemen hilflos gegenüber stehen, sondern sie versuchen ihre ganz individuellen Wege zu gehen. Dabei muß es zwangsläufig zu Auseinandersetzungen sowohl mit den Anforderungen der Familie als auch mit denen der Gesellschaft kommen, für die jedoch individuell verschiedene Lösungsmöglichkeiten gesucht werden müssen. Für viele finden diese Auseinandersetzungen innerhalb des islamischen Bezugskontextes statt. Es geht ihnen nicht darum, sich vom Islam zu lösen, sondern er bildet die Ausgangsbasis für ihre individuellen Lebensentwürfe. Die gängigen Lösungsstrategien der Mehrheitsgesellschaft, die auf Anpassung an die deutsche Gesellschaft und ihre Lebensformen abzielen, verkennen, daß es viele Migrantinnen gibt, die einen qualifizierten Beruf anstreben, studieren und sich sowohl mit »türkisch/islamischen« als auch mit »deutsch/abendländischen« Werten und Lebensformen kritisch auseinandersetzen, ohne deshalb ihre Religion und ihre islamisch geprägte Lebensweise aufzugeben. Die in diesem Zusammenhang so oft betonte und angezweifelte Entscheidungsfreiheit setzt voraus, daß von den jungen Frauen tatsächlich eine Wahl zwischen Alternativen getroffen werden kann. Deshalb darf es »nicht [weiterhin] um Konkurrenz zweier Wertsysteme und Lebensformen [gehen], von denen das eine Modell per se als emanzipiert, als frei und als Voraussetzung beruflichen Erfolgs und privaten Glücks gilt, das andere dagegen als repressiv, als Hindernis beim sozialen Aufstieg und als Weg ins Unglück.«[6] Einige Gespräche, die wir geführt haben, zeigen, wie sehr muslimische Frauen um Anerkennung und Akzeptanz ihrer Person und ihrer Religion kämpfen müssen, wobei als Reaktion auf diesen Druck zum Teil ganz bewußt eine entschiedene Verteidigungshaltung eingenommen wird.[7]

Während in westlicher Perspektive die bewußte Hinwendung zum Islam und die Intensivierung der religiösen Lebenspraxis üblicherweise sehr kritisch als Zeichen einer Re-Islamisierung türkischer Migranten interpretiert werden[8], zeigen die Berichte der Frauen, daß die Migrationssituation durchaus neue Dimensionen des eigenen Glaubens eröffnen kann. Während Musliminnen, die sich stärker an ihre Religion binden, oftmals Abgrenzung und Abwehr der Mehrheitsgesellschaft vorgeworfen werden, zeigt sich, daß die Möglichkeiten des Austausches in Form von Seminaren, Begegnungen und auch der Bereitschaft, an unserem Projekt teilzunehmen, wahrgenommen und genutzt werden. Es wird deutlich, daß die verstärkte Beschäftigung mit der eigenen Religion in Auseinandersetzung mit der Aufnahmegesellschaft stattfindet und nicht als Rückzug aus der Gesellschaft gesehen werden kann.[9] Die meisten Frauen, mit denen wir gesprochen haben, machten deutlich, daß die eigene Beschäftigung mit dem Islam und die Erweiterung der eigenen Kenntnisse über den Islam sehr wichtig für sie sind. In diesem Zusammenhang kommt auch Mihciyazgan, die sich in ihren Arbeiten mit der Religion in der Migration beschäftigt, zu dem Ergebnis, daß sich bei den von ihr

6 Pinn, 1997, S. 71/72.

7 Dies wird besonders bei den Ausführungen von Filiz deutlich, die sich im Gespräch mit uns sehr offen zeigte, für eine Veröffentlichung jedoch lieber einen eigenen Text verfassen wollte.

8 Vgl. u.a. Heitmeyer 1997.

9 Zentrum für Türkeistudien (Hg.), Migration und Emanzipation. 1995, S. 91.

befragten Migranten eine Veränderung des religiösen Wissens abzeichnet, die sie als »Prozeß der Hochislamisierung«[10] bezeichnet. Sie stellt fest, daß es durch die Auseinandersetzung mit dem Islam und die Beschäftigung mit religiösen Schriften zu einer veränderten Haltung gegenüber der religiösen Praxis kommt. Sie weist darauf hin, daß mit dieser These auch andere Phänomene, die im allgemeinen unter den Begriff der Re-Islamisierung fallen, neu interpretiert werden können. Sowohl der Zulauf theologischer Fakultäten in der Türkei als auch die Institutionalisierung der religiös-politischen Moscheevereine und die zahlreichen neuen Moscheebauten in Deutschland gewinnen so eine neue Bedeutung. Gerade diejenigen, die in Mihçiyazgans Untersuchung eine Veränderung ihres religiösen Wissens angaben, waren meist stark an einen religiös-politischen Moscheeverein gebunden. Obwohl sie eine Minderheit unter den muslimischen Migranten darstellen, ist es gerade diese Gruppe, die in der Öffentlichkeit bemerkt und als »Fundamentalisten« bezeichnet wird. Dabei stellt Mihciyazgan fest, daß sie im religiösen Sinne keine »Fundamentalisten« sind, sich ihr religiöses Wissen jedoch fundamental geändert hat.[11] Sie macht gleichzeitig deutlich, daß den westlichen Bildern über den Islam bei diesem Prozess der »Hochislamisierung« eine wichtige Rolle zukommt, da die Auseinandersetzung mit dem Islam auch geführt wird, um Argumente gegen islamfeindliche Positionen zu finden.

Die Gespräche, die wir geführt haben, bestätigen, daß die Auseinandersetzungen die die Frauen mit dem Islam führen, zu einem großen Teil von islamfeindlichen Einstellungen in der Gesellschaft bestimmt werden. Die Erfahrung, daß die eigene Religion von der Mehrheitsgesellschaft abgelehnt wird, macht die Suche nach Sinn und Rechtfertigung der eigenen Lebensweise ebenso notwendig wie Begründungen von religiösen Regeln, die die Frauen einhalten. Das Bekenntnis zur islamischen

10 Mihçiyazgan, 1994, S. 201.
11 Mihçiyazgan, 1994, S. 200f.

Gemeinschaft erhält dadurch in der Migration eine neue Bedeutung. Durch die ablehnende Haltung der Mehrheitsgesellschaft entsteht für die muslimischen Frauen ein Rechtfertigungsdruck, sodaß nach Gründen zur Verteidigung der eigenen Religion gesucht werden muß. Dieser Druck wird durch die bestehenden Vorurteile und stereotypen Bilder über »die islamische Frau«, mit denen sie tagtäglich konfrontiert werden und auf die sie in den Gesprächen immer wieder kritisch eingehen, verstärkt. Dieses »Sich-Erklären-Müssen« führt dazu, daß der Islam zu einem wichtigen Moment im persönlichen Selbstfindungsprozeß wird. Die Auseinandersetzung mit der eigenen Religion wird zum Teil durchaus kritisch geführt. Traditionelle Vorstellungen über das Verhältnis von Mann und Frau und ihre unterschiedlichen Rollen im Islam werden dabei untersucht und in Frage gestellt.[12] Dabei weisen die Frauen immer wieder darauf hin, daß zwischen verschiedenen Traditionen, die sie einengen, und religiösen Vorschriften unterschieden werden muß. Gleichzeitig machen sie deutlich, wie unterschiedlich hierzu Aussagen des Koran interpretiert werden können und daß hier auch politische Interessen gesellschaftlicher Gruppen eine große Rolle spielen. An dieser Stelle weisen sie auch auf die Gefahr hin, daß der Islam sowohl in ihren verschiedenen Herkunftsländern als auch in der Migration zu politischen Zwecken mißbraucht wird und verurteilen dies ganz entschieden. Um dem »Feindbild Islam« in der Öffentlichkeit zu begegnen, versuchen sie deutlich zu machen, daß es notwendig ist, zwischen Religion und Politik zu unterscheiden. In diesem Zusammenhang beurteilen die Frauen auch die Bedeutung und Aufgaben der Moscheen sehr unterschiedlich. Diejenigen Frauen, die selbst Kontakte zu einer Frauengruppe in einer Moschee haben, schätzen die verschiedenen Angebote, die es dort für Frauen gibt. Sie betonen, wie wichtig es für sie ist, mit anderen Musliminnen zusammenzukommen, sich auszutauschen und gegenseitig zu unterstützen. Für sie ist die

12 Vgl. Gespräch mit Aysel.

Moschee nicht nur ein Ort des Gebetes, sondern sie besitzt gleichzeitig eine wichtige soziale Bedeutung für die muslimische Minderheit in der Gesellschaft. Andere Frauen betrachten die Situation in den Moscheen eher skeptisch und äußern Bedenken, ob nicht doch gerade in den Moscheen die Gefahr besteht, daß Religion und Politik miteinander vermischt werden. Diese Einschätzungen beruhen teilweise auf persönlichen Erfahrungen, zum anderen Teil auf Vermutungen von Frauen, die selbst keinen engen Kontakt zu einer Moschee haben.[13]

Besonders bei der Frage nach dem Kopftuch, das in westlicher Sicht als Symbol für die Unterdrückung von Frauen im Islam erscheint, zeigt sich der Rechtfertigungsdruck des genannten islamfeindlichen Diskurses sehr deutlich. So ist es für die meisten europäischen Frauen offensichtlich unvorstellbar, daß Frauen sich freiwillig und bewußt für ein Leben nach islamischen Richtlinien entscheiden. Es ist wichtig festzuhalten, daß nicht alle Gesprächspartnerinnen das Kopftuch persönlich für so wichtig halten. Alle waren jedoch der Meinung, daß es eine individuelle Entscheidung jeder muslimischen Frau sein muß, das Kopftuch zu tragen, und daß diese Entscheidung vom jeweiligen religiösen Selbstverständnis der Betreffenden abhängig ist. In den Gesprächen mit Frauen, die selbst ein Kopftuch tragen, wurde dies immer wieder zum Gegenstand der Gespräche gemacht. Im Mittelpunkt stand oft die Erklärung, daß die Entscheidung für das Kopftuch allein und aus einem inneren Entschluß heraus getroffen wurde, ohne Druck von außen. Es ist für sie ein Symbol für ihre freie Entscheidung, ihre Religion zu leben und auch nach außen hin zu zeigen. Mit ihrem Kopftuch versuchen sie den gesellschaftlichen Bildern über verschleierte Frauen zu widersprechen, ihnen etwas entgegenzusetzen. Sie wollen nicht länger in die Rolle der »hilflosen,

13 Angesichts der Brisanz dieses Themas möchten wir darauf hinweisen, daß diese subjektiven Einschätzungen unserer Meinung nach nicht dazu geeignet sind, Rückschlüsse auf »religiös-fundamentalistische« Aktivitäten in Moscheen zu ziehen.

unterdrückten islamischen Frau« gedrängt werden, sondern so wie sie sind, nicht nur toleriert, sondern auch akzeptiert werden. Im Gegensatz zu den westlichen Bildern wird deutlich, daß die Bedeutungen des Kopftuches sehr vielfältig sind.[14] Einige Frauen geben an, daß sie es als religiöse Verpflichtung sehen, das Kopftuch zu tragen, andere betrachten es einfach als Tradition.[15] Einige sehen das Kopftuch als eine Trennungslinie zwischen Christen und Muslimen und tragen es zu ihrem persönlichen Schutz vor männlichen Blicken und Belästigungen. Festzuhalten ist, daß das Kopftuch nicht mehr nur aus traditionellen Gründen getragen wird, sondern daß vielmehr ein ganz neues Bewußtsein für das Kopftuch entstanden ist. Ihr Selbstbewußtsein, sich den gesellschaftlichen Diskriminierungen zu stellen und die Betonung ihrer selbstbestimmten Entscheidung zeigen, daß sie dem gesellschaftlichen Klischee der unterdrückten »Kopftuchtürkin« keineswegs entsprechen. Stattdessen machen sie deutlich, daß es ihre Form der »Emanzipation« ist, die sie auf der Basis des Islam suchen.[16] Gerade die Frauen mit Kopftuch sind es, die unter dem Druck der Mehrheitsgesellschaft stehen, denn an ihnen macht sich meist die kulturelle Grenzziehung zwischen Mehrheitsgesellschaft und gesellschaftlicher Minderheit fest. Dabei werden die immer wieder geführten »Kopftuchdiskussionen« zu einem Medium der Auseinandersetzung, an dem sich

14 Einen Einblick in islamische und christliche Traditionen des Kopftuches gibt die Untersuchung von Akkent/Franger, Das Kopftuch - ein Stückchen Stoff in Geschichte und Gegenwart, 1987.

15 Der Koran fordert sowohl die Männer als auch die Frauen zu sittsamen Verhalten und sittsamer Kleidung auf, wobei die Auslegungen der koranischen Aufforderung an die Frauen, sich zu bedecken, weit auseinandergehen. Vgl. Sure 24, 30-31; 33, 59.

16 Vgl. hierzu die Studie von Göle, Republik und Schleier. Die muslimische Frau in der modernen Türkei, 1995. Göle betrachtet die Verschleierung junger Türkinnen in der islamistischen Bewegung als Ergebnis einer Neuinterpretation der islamischen Religion durch neue, städtische Gruppen, die sich von traditionellen Interpretationen und Praktiken ablösen, um sich mit Hilfe einer neuen kollektiven Identität gegen die Moderne zu behaupten.

Fremd- und Selbstbilder besonders der Mehrheitsgesellschaft widerspiegeln.

Eine andere Gruppe, die von drastischen Erfahrungen mit dem Druck unter dem sie stehen, berichten, sind die alevitischen Frauen, mit denen wir gesprochen haben. Von der Gesellschaft werden sie als Musliminnen wahrgenommen, obgleich sich ihre Religionsauffassung grundlegend vom sunnitischen Islam unterscheidet. In der Türkei haben die Aleviten eine lange Tradition und Geschichte, die von Unterdrückung und Widerstand als religiöse Minderheit gekennzeichnet ist. In einer von der sunnitischen Bevölkerung dominierten Gesellschaft befanden sie sich jahrhundertelang in der Defensive. Offiziell wird der Anteil der sunnitischen Muslime an der Gesamtbevölkerung der Türkei mit 90 Prozent angegeben, wobei andere Schätzungen davon ausgehen, daß der Anteil von Christen, Juden und Aleviten zusammen mindestens bei 30 Prozent liegt.[17] Aleviten haben den Ruf, in ihrer Religionsauffassung »progressiver« zu sein als Sunniten, da sie beispielsweise die strengen Abstinenzgebote des sunnitischen Islam ablehnen.[18] Die alevitischen Frauen, mit denen wir gesprochen haben, gaben an, daß sie sich neben dem gesellschaftlichen Druck der Mehrheitsgesellschaft zusätzlich dem Druck der sunnitischen Mehrheit unter den Migrantinnen ausgesetzt fühlen, von der sie sich mit ihrer Glaubensauffassung auch in Deutschland ausgegrenzt und diskriminiert fühlen. Im Zuge einer sich in den letzen Jahren abzeichnenden kollektiven Rückbesinnung auf die alevitische Gemeinschaft distanzieren sich Teile der alevitischen Bevölkerung vom sunnitischen Islam, indem sie sich bewußt als Aleviten und nicht als alevitische Muslime bezeichnen. Sie vollziehen so auch nach außen hin eine Trennung vom sunnitischen Islam, der sie in ihrer Glaubensauffassung nicht aner-

17 Lutz 1991, S. 89.

18 Unsere Gesprächspartnerinnen bringen diese Einschätzung auch im Hinblick auf religiöse Vorschriften und Handlungen zum Ausdruck, bei denen beispielsweise nicht wie im sunnitischen Islam nach Geschlechtern getrennt wird.

kennt.[19] Andere wiederum sehen sich in der Tradition des Islam und bezeichnen sich als alevitische Muslime. Unsere alevitischen Gesprächspartnerinnen schildern ihre Erfahrungen, als gesellschaftliche Minderheit von der sunnitischen Mehrheit aufgrund des eigenen Glaubens nicht akzeptiert zu werden. In ihren Erzählungen spiegeln sich deutlich gegenseitige Vorurteile und Vorbehalte wider, die offensichtlich auch in der Migration weiter fortbestehen. Die Älteren unter ihnen berichten jedoch auch aus der Zeit, als sie noch in ihrem alevitischen Herkunftsdorf lebten und der Glaube ihnen von den anderen Gemeinschaftsmitgliedern nahegebracht wurde. Sie können nicht verstehen, warum sie auch in Deutschland weiter von Teilen der sunnitischen Bevölkerung gemieden werden und wünschen sich nichts anderes, als ein friedliches Miteinanderleben in dieser Gesellschaft. In den Gesprächen wird deutlich, daß die gesellschaftliche Minderheit türkischer Migranten sich aus Menschen der verschiedensten Regionen der Türkei zusammensetzt, die sich auch in ihrer sozialen, ethnischen und religiösen Herkunft unterscheiden. Die Situation der alevitischen Minderheit unter den türkischen Migrantinnen ist ein Beispiel dafür, daß Kulturen nicht als einheitliche, in sich abgeschlossene Größen verstanden werden dürfen. Vielmehr zeigt sich, daß bereits innerhalb einer nationalstaatlich begrenzten Gemeinschaft unterschiedliche kulturelle Gruppen und verschiedene Lebenswelten existieren. Dies gilt selbstverständlich auch für die Mehrheitsgesellschaft, die sich ebenfalls in verschiedene kulturelle Lebenswelten unterteilt. Das Problem des Zusammenlebens unterschiedlicher gesellschaftlicher Gruppen ist demnach nicht in der Konfrontation verschiedener, einheitlicher »Kulturen« zu sehen, sondern eher in den Bedingungen, unter denen dies geschieht.

19 Einen Einblick in die Geschichte und gegenwärtige Entwicklungen des Alevitentums gibt der Aufsatz von Krisztina Kehl über »Die ›Wiederfindung‹ des Alevitentums in der Türkei. Geschichtsmythos und kollektive Identität«, in dem verschiedene Aspekte der jüngsten Entwicklung hin zu einem »alevitischen Revival« untersucht werden. Kehl 1993.

In diesem Zusammenhang kam in den Gesprächen sehr deutlich zum Ausdruck, daß alle Frauen den Begriff der »Integration« als untauglich zurückweisen, wenn darunter eine »kulturelle Integration« im Sinne von Assimilation verstanden wird. »Integration« muß nach dem Willen der interviewten Frauen stattdessen vielmehr als Prozeß einer sozialen Eingliederung in die Gesellschaft verstanden werden. Dabei geht es ihnen darum, grundlegende materielle, politische, rechtliche und wirtschaftliche Rahmenbedingungen zu schaffen wie beispielsweise rechtliche Gleichstellung, Chancengleichheit, gleiche politische Rechte und Pflichten für alle Gesellschaftsmitglieder. Denn es gibt »keine politische, moralische Alternative zur sozialen Integration der in Deutschland lebenden Ausländer.[20]« Forderungen aus der Mehrheitsgesellschaft, sich zu assimilieren, empfinden sie als eine Anmaßung, hinter der sich ihrer Meinung nach oftmals die gesellschaftliche Ablehnung und Abwehr des Islam verbirgt. Gerade die Jüngeren unter ihnen sehen die Problematik eher darin, daß die Mehrheitsgesellschaft Schwierigkeiten damit hat, den Islam und die hier lebenden Muslime zu akzeptieren. Sie sehen sich selbst als »lebende Beispiele für eine gelungene (soziale) Integration.[21]« Stattdessen wünschen sich die Frauen interkulturelles Zusammenleben, Austausch und Sichkennenlernen, bei dem Auseinandersetzungen mit eigenen und fremden kulturellen Lebenswelten stattfinden und Konflikte auf der Basis der Anerkennung der anderen gelöst werden können. Ihre Bereitschaft und Offenheit für Gespräche bringen sie mit dem vorliegenden Buch zum Ausdruck. Dennoch machen sie deutlich, daß offensichtlich gerade auf der Seite deutscher Frauen Berührungsängste vorhanden sind, die sich darin zeigen, daß sie lieber selbst die Kontrolle über Dialoge und Begegnungen behalten wollen und den Kontakt zu muslimisch organisierten Treffen eher scheuen. Wenn es einen gleichberechtigten Dialog und Austausch geben soll, dann müssen grundle-

20 Vgl. Gespräch mit Riyase.
21 Vgl. Gespräch mit Aysel.

gende Bedingungen von beiden Seiten akzeptiert werden. Zu diesen Bedingungen gehört, daß der Islam zwar als »anders« angenommen, nicht jedoch von vornherein als »frauenunterdrückerisch« abgelehnt wird, sodaß für muslimische Frauen in der Begegnung mit anderen Frauen nicht immer wieder die Notwendigkeit besteht, den eigenen Glauben, das Kopftuch, ja - ihr Leben als muslimische Frau verteidigen zu müssen. Gerade bei Veranstaltungen zum Thema »Frauen im Islam« entsteht sehr leicht der Eindruck, daß Dialoge mit dem Islam eher in Form eines Tribunals ablaufen, bei dem muslimische Frauen den Islam zu rechtfertigen und ihre Religionszugehörigkeit zu erklären haben. Es scheint, als ob diese Veranstaltungen eigentlich dazu dienen, die Vorurteile und Positionen der gesellschaftlichen Mehrheit zu bestätigen. Wenn in diesen Begegnungen immer wieder die eigene Kultur zum Ausgangspunkt der Gespräche gemacht wird, die eigenen Maßstäbe und Überzeugungen angesetzt werden, kommt dabei vielleicht ein Vergleich heraus, nicht jedoch ein Verstehen. Dieser Vergleich wird meist zugunsten des Vertrauteren ausfallen, sodaß vorprogrammiert ist, daß die eigene Religion, Kultur und Sichtweise als die bessere erscheint.

Verstehen ist jedoch nur von innen heraus möglich. Für eine gegenseitige Verständigung ist es wichtig wahrzunehmen, daß dem Islam ein anderes Menschenbild zugrundeliegt.[22] Gerade bei der Frage, ob und wie »Emanzipation« mit dem Islam möglich sei, welche Möglichkeiten zur Selbstbestimmung der Islam Frauen bietet, ist es wichtig, dies zu berücksichtigen. Das islamische Persönlichkeitsideal geht nicht von einem autonomen Subjekt aus, sondern stellt die Harmonie zwischen Individuum und Gesellschaft in den Vordergrund. Viele unserer Gesprächspartnerinnen sehen ihre Anliegen und Probleme nicht isoliert von denen der Männer und der Familie. Sie betonen die Partnerschaftlichkeit und Gleichberechtigung in ihrer Beziehung zu ihrem Mann, machen jedoch deutlich, daß es sehr wohl unterschiedliche Aufga-

22 Özelsel 1992, S. 79ff.

ben für Männer und Frauen gibt. Hier folgen sie dem islamischen Menschenbild, das von der Ungleichheit von Mann und Frau als Schöpfungsprinzip ausgeht. Daraus ergibt sich ein grundsätzlich anderes Verständnis von Gleichberechtigung zwischen den Geschlechtern. Charakteristisch für das islamische Konzept von Gleichberechtigung ist die »Grundannahme absoluter Gerechtigkeit und absoluter Gleichheit vor Gott. Das impliziert jedoch nicht auch eine Gleichberechtigung im westlichen Sinne schon hier auf Erden. Ganz im Gegenteil wird das Gleichgewicht auf Erden durch gottgewollte Ungleichheit stabilisiert«[23], dadurch daß Männer und Frauen unterschiedliche Rechte und Pflichten besitzen. Die Frauen machen deutlich, daß dieses Ideal der Partnerschaftlichkeit im Alltag von den Männern nicht immer gelebt wird. Dennoch ist festzuhalten, daß nicht alle Frauen diesem islamischen Konzept von Gleichberechtigung zustimmen, sondern daß sie sich teilweise sehr kritisch mit den Rollen der Geschlechter auseinandersetzen. Grundsätzlich machen die Frauen deutlich, daß der Begriff der »Emanzipation« in ihren Augen zu sehr mit eurozentristischen Werten und Normen der Mehrheitsgesellschaft belegt ist und sich häufig ausschließlich auf die sexuelle Freiheit und Freizügigkeit bezieht. In ihrer Perspektive beinhaltet »Emanzipation« beispielsweise eher die Freiheit, sich zu bilden und das eigene Leben selbstbestimmt und selbstverantwortlich zu gestalten. Dabei geht es einigen auch darum, sich mit den eigenen Rechten und Pflichten als muslimische Frau zu beschäftigen und in der Auseinandersetzung mit der Religion ihre »Selbstbestimmung in den von Gott gegebenen Grenzen zu suchen«[24].

Es ist wichtig, daß in diesem Zusammenhang differenziertere theoretische Auseinandersetzungen geführt werden, als dies bislang geschehen ist. Denn in vielen Diskussionen wird die Lebenssituation muslimischer Frauen immer noch anhand einzelner Koransuren und tendenziöser

23 Özelsel 1992, S. 81.
24 Vgl. Gespräch mit Maryam.

Berichten in den Medien beschrieben und bewertet.[25] Pinn führt das Bild des Islam als eine prinzipiell frauenfeindliche Religion im wesentlichen auf folgende Ursachen zurück: »den unsachgemäßen Umgang mit dem Koran und anderen islamischen Quellentexten sowie der Vermischung von Religion und regionalen oder schichtenspezifischen Traditionen, die Blindheit gegenüber den Unterschieden von Menschenbildern und Gesellschaftsentwürfen und die Ausblendung unterschiedlicher historischer Erfahrungen.«[26] Zu den angemessenen Quellen für eine Auseinandersetzung mit der Stellung der Frau im Islam gehören sowohl der Koran, als auch die Interpretationen islamischer Geistlicher und die Sunna, d.h. die überlieferte Lebensführung Muhammads. Gleichzeitig muß berücksichtigt werden, daß die Situation der Frau in den islamischen Gesellschaften nicht allein durch den Islam geprägt wird. Neben islamischen Rollenzuweisungen und Vorschriften gibt es andere Faktoren wie beispielsweise die historische und ökonomische Situation des jeweiligen islamischen Landes und die wirtschaftliche und soziale Position der Familie der Frau, die die Lebenssituation maßgeblich bestimmen.[27] Inzwischen gibt es auch zahlreiche Untersuchungen von Wissenschaftlerinnen aus islamischen Ländern selbst, die sich mit der Situation von Frauen im Islam beschäftigen und andere Perspektiven aufzeigen.[28]

Um sich selbst ein Bild zu machen, ist es jedoch auch wichtig, Begegnungen und Gespräche im Alltag zu nutzen, durch die Möglichkeiten eröffnet werden, sich gegenseitig kennenzulernen und auszutauschen. Die Auseinandersetzung mit anderen Lebenswelten von Frauen bietet für alle Beteiligten die Chance, die eigenen, vertrauten Sichtweisen

25 Es stellt sich die Frage, wie europäische Frauen damit umgingen, wenn allein anhand von Bibelzitaten Rückschlüsse auf ihr Leben und Denken gezogen würden und sie sich ständig für dieses Leben erklären müßten.

26 Pinn 1993, S. 75.

27 Walther 1991, S. 98.

28 Vgl. z. B. Mernissi 1993, Özelsel 1992, Göle 1995.

und Lebensauffassungen zu reflektieren und neu zu überdenken. Eigene Vorurteile und Bilder über die jeweils »Anderen« können auf diese Weise angesprochen und hinterfragt werden.[29]

Voraussetzung für einen gleichberechtigten Dialog ist, daß alle Gesprächspartner sich ohne defensive Abwehrhaltung auf das Thema einlassen können. Unverzichtbare Bedingung hierfür ist, daß aus islamischer Sicht nicht mehr die Notwendigkeit bestehen darf, den eigenen Glauben gegenüber Angehörigen der Mehrheitsgesellschaft verteidigen zu müssen. Zum anderen sind die »Anderen« mit ihren individuellen Lebensentwürfen und religiösen Lebensvorstellungen ernstzunehmen, und es ist ihnen mit mehr Toleranz und Menschlichkeit zu begegnen.

Unsere Gesprächspartnerinnen empfinden sich als Teil dieser Gesellschaft, in der sie leben und die sie mitgestalten wollen. Sie machen deutlich, »daß der Islam eine Bereicherung für das gesellschaftliche Leben aller darstellen könnte, wenn man ihm offener begegnen würde«[30]. Wir hoffen, daß ihre individuellen Erzählungen und Perspektiven zu weiteren Begegnungen und kritischen Diskussionen anregen können.

29 In den Gesprächen zeigt sich, daß keine gesellschaftliche Gruppe frei von Vorurteilen und Klischees ist.

30 Vgl. Gespräch mit Maryam.

Anhang

Glossar

Ahzan (arab.); Ezan (türk.): Gebetsruf

Aleviten: Mitglieder einer in der Türkei weit verbreiteten synkretistischen Glaubensgemeinschaft. Der Begriff *Alevi* leitet sich von Ali ibn Talib, dem Vetter und Schwiegersohn des Propheten, ab. Das Wort bezog sich im Arabischen ursprünglich auf die leiblichen Nachfahren Alis, wird aber im weitesten Sinne in der Bedeutung von »Anhänger Alis« verstanden. Die Aleviten erkennen – wie die Schiiten – nur Ali als den rechtmäßigen Nachfolger des Propheten an. Weiter glauben sie an die Inkarnation des göttlichen Lichts in Ali und seinen Nachfahren, den zwölf Imamen. Ein weiteres zentrales Element im alevitischen Glaubenssystem stellt die Lehre der Einheit von Allah-Mohammed-Ali dar: »Drei Namen, in der Bedeutung eins.« In der Lehre sind auch mystische Elemente stark ausgeprägt, wie z. B. die Lehre der Vier Tore (dört kapi), die die Aleviten mit den Bektasi teilen: 1. Sheriat: Tor des religiösen Gesetzes; 2. Tarikat: Tor des inneren (esoterischen) Wissens; 3. Tor Marifet: Pforte der Erkenntnis; 4. Tor Hakikat: Pforte der (göttlichen) Wahrheit und Einheit. Das innere Wissen bezieht sich auf die Einheit aller Seienden mit Gott. Nach dieser Auffassung ist der Mensch Teilhaber an der Göttlichkeit, sein Herz das Haus Gottes. Selbsterkenntnis ist daher mit Gotteserkenntnis verbunden; Respekt gegenüber dem Menschen kommt dem Respekt gegenüber Gott gleich.

Als die »Leute von Tarikat«, als welche sich die Aleviten begreifen, gehört der Glaube für Aleviten in die Sphäre der Innerlichkeit. Entsprechend messen sie den formalen, im islamischen Recht (Sharia) verankerten Gesetzen keine bindende Kraft zu. So z. B. verrichten sie ihre

Gebete nicht nach festgesetzten Zeiten und Formen. Sie haben keine Moscheen, dafür Versammlungshäuser (»Cem evi«), wo sie ihre religiösen Zeremonien abhalten, an denen Männer und Frauen gemeinsam teilnehmen. Die Geschlechtertrennung ist bei Aleviten auch im sozialen Bereich nur schwach ausgeprägt bzw. heutzutage kaum vorhanden. Traditionell befolgen die Aleviten zwar die islamischen Speiseverbote, erlauben aber Alkoholgenuß in vernünftigem Maß.
In der Vergangenheit waren die Aleviten auch organisatorisch mit dem Derwisch-Orden der Bekasi verbunden. Aus diesem Grund ist es in letzter Zeit üblich geworden, die beiden Bezeichnungen zu verbinden und von den »Alevi-Bektasi« zu sprechen. Heute ist das Alevitentum stark säkularisiert. Seine Mitglieder bekennen sich in ihrer großen Mehrheit zum laizistisch-demokratischen System.

Alhamdulillah: »Gott sei Dank«

An-Nur (arab.); En-Nur (türk.): sogenannte »Lichtsure« (Sure 24) aus dem Koran

Azbi Baba: alevitischer Volksdichter des 18. Jh.

Baçi: Schwester; wird bei den Aleviten für Frauen mittleren Alters verwendet

Bektasi-Orden: bedeutender Derwisch-Orden im Osmanischen Reich, der seinen Namen und seine Lehre auf Haci Bekas zurückführt. Der Orden erhielt seine Organisationsstruktur erst im 15. Jahrhundert. Die mystische Lehre des Ordens weist unter einer schiitischen Oberfläche stark außer- und vorislamische Spuren auf. Trotz ihrer Sharia-Ferne war der Orden im Osmanischen Reich weitgehend toleriert, vor allem wegen seiner engen Verbindung mit der Elitetruppe der Janitscharen. Ein Teil des seit 1925 offiziell verbotenen Ordens ist mit den Aleviten organisatorisch und religiös verbunden. Diese erkennen die als leiblichen Nachfahren von Haci Bektasgeltenden *çelebi,* die einen der beiden Zweige des Ordens bilden, als religiöse Zentralinstanz an.

Din: Religion

Hadith (türk.): Überlieferung von Aussprüchen und Taten des Propheten Muhammad, die zunächst aus dem Umkreis seiner Gefährten mündlich weitergegeben wurden; galt bald als eine der Grundlagen für die Rechtsfindung. Im 2. Jh. islamischer Zeitrechnung nahm die Anzahl der *Hadithe* beträchtlich zu, und jede Fraktion legte dem Propheten ihre Ansichten in den Mund, sodaß einige Gelehrte begannen, die Aussprüche auf ihre Authentizität hin zu prüfen und diejenigen, denen eine Überlieferung durch vertrauenswürdige Gewährsmänner nachgewiesen werden konnte, wurden in großen Sammlungen schriftlich niedergelegt.

Haç (arab.); Hac (türk.): Pilgerfahrt nach Mekka und eine der fünf Säulen des Islam

Haçi Bektas: aus Chorasan stammender Mystiker aus dem 14. Jahrhundert. Sein Hauptwirkungsgebiet war Anatolien, wo er sich an dem heute nach ihm benannten Ort niederließ und zahlreiche Anhänger um sich scharte. Zentraler Heiliger der anatolischen Aleviten.

Hanefi: eine der vier orthodoxen Rechtsschulen im sunnitischen Islam

Hasan Dede: alevitischer Volksdichter des 15. Jh.

Hazreti (türk.: Abk.: Hz.): Ehrentitel vor einem Namen

Hoca: (pers.) geistlicher Lehrer

Hz. Ali: Mohammeds Vetter und Schwiegersohn, 598-611, und vierter Kalif nach Mohammeds Tod

Iftar: allabendliches Abendessen nach Sonnenuntergang während des Ramazan

Imam: wörtlich übersetzt »Vorbeter«, d.h. jemand, der das gemeinsame rituelle Gebet anführt und nach dessen Bewegungen sich die übrigen Gebetsteilnehmer richten. Gleichzeitig ist der Imam auch Ansprechpartner für religiöse Fragen.

Inanç: Glaube

Kandil: religiöse Feier

Kardes: bei den Aleviten gebräuchliche Bezeichnung für Männer bis ins hohe Alter; kann auch für Schwester und Bruder stehen

Mekka: wichtigster Wallfahrtsort der Muslime in Saudi-Arabien

Mevlut (arab.); Mevlud (türk.): Gedächtnisfeier zu Ehren des Propheten Mohammed

Misri Niyazi: alevitischer Volksdichter des 17. Jh.

Muezzin: vom Minarett aus fordert er die Gläubigen fünfmal am Tag zum Gebet auf

Musa: Moses; einer der Propheten

Namaz: das fünfmalige Beten und eine der fünf Säulen des Islam

Nisri Dede: alevitischer Volksdichter

Pir: Greis; Weiser; Ordensgründer

Pir Sultan Abdal: bedeutendster alevitischer Dichter der Volksliteratur des 16. Jh., der aus politischen Gründen hingerichtet wurde.

Ramadan (arab.); Ramazan (türk.): neunter Monat des arabischen Mondjahres; Fastenmonat und eine der fünf Säulen des Islam. Während dieses Monats soll von Sonnenaufgang bis Sonnenuntergang nicht gegessen, getrunken oder geraucht werden. Geschlechtsverkehr ist in diesem Zeitraum untersagt und es wird empfohlen, sich von Streitigkeiten und schlechten Absichten fernzuhalten. Das Ende wird mit einem dreitägigen Fest des Fastenbrechens gefeiert.

Rechtsschulen: Der sunnitische Islam folgt vier verschiedenen Rechtsschulen:

1. der hanefitischen, begründet durch Abu Hanifa (699-767) und von den Türken bevorzugte Rechtsschule,

2. der schafitischen, begründet durch as-Schafii (767-820),
3. der malikitischen, begründet durch Malik ibn Anas (715-795) und
4. der hanbalitischen, begründet durch Ahmad ibn Hanbal (780-855).

Sie werden von den Muslimen gleichermaßen als legitim anerkannt und unterscheiden sich nur in Fragen der Interpretation voneinander.

Sah Hatayi: 1487-1524; Beiname des Safawiden-Königs Schah Ismael

Schamanismus/Schamane: religiöses Phänomen der zentralasiatischen und sibirischen Völkerschaften. Unterschied zwischen Religionen, in denen der Schamanismus dominiert und solchen, in denen er nur eine Nebenerscheinung darstellt. Der Schamane übt die Heilkunst, regelt die öffentlichen Opfer an die Himmelsgötter und geleitet die Seelen der Verstorbenen ins Jenseits. Er ist also zugleich Medizinmann, Priester und Totenführer.

Scharia/Scheriat: wörtlich übersetzt »Weg zur Wasserstelle«. Die Scharia ist das kanonische Gesetz des Islam, also die Gesamtheit von Allahs Geboten. Die in den Rechtsschulen entwickelten Vorschriften werden in die Pflichten des Menschen gegenüber Gott und die Regelung der zwischenmenschlichen Beziehungen unterteilt.

Seytan (türk.): Teufel; Satan

Schia: wörtlich übersetzt bedeutet es »Partei«, womit die Partei Alis gemeint ist; über die Frage, ob die Herrschaftsnachfolge in den Händen der Familie des Propheten bleiben solle, spaltete sich die islamische Gemeinde. Ali und seine unmittelbaren Nachfolger werden auch die zwölf Imame genannt. Von dem 12. Imam ist überliefert, daß er im 9. Jh. n. Chr. als Kind in einer Höhle verschwunden sei, und seitdem wird auf seine Rückkehr als Mahdi - der Rechtgeleitete - gewartet.

Scheich Bedreddin: alevitischer Gelehrter und Mystiker des 15. Jh.

Schiiten: bilden etwa 10 Prozent aller Muslime; sie halten Mohammeds Vetter Ali für den allein rechtmäßigen Erben und Nachfolger des Propheten und verehren ihn und seine leiblichen Nachkommen als legitime Imame. Die größte Gruppe der Schiiten sind die »Zwölfer«, sie erkennen eine - mit Ali beginnende - Reihe von zwölf Imamen an. Bedeutend neben den »Zwölfern« sind die Ismaeliten, die hauptsächlich in Indien, Pakistan, Jemen und Syrien leben.

Semah: ritueller, kultischer Tanz der Aleviten, bei dem die Bewegungen einen kosmologischen Hintergrund haben.

Sufismus/Sufi: asketisch - mystische Strömungen im Islam; abgeleitet vom arabischen Wort *suf* (Wolle). Wegen seiner wollenen Kutte heißt der Mystiker Sufi. In Persien wurde er *darwisch* (Bettler, Armer) genannt. Der Sufismus richtet sich auf die persönliche Erfahrung der Gottesnähe, Gottesschau oder, in einigen extremen Varianten, sogar des Einswerdens mit Gott. Dies geschieht durch Askese, Meditation oder Praktiken, die zu Trancezuständen führen. Das sufische Wissen wird dem Schüler von einem Meister (arabisch: *scheich;* persisch: *pir*) übermittelt, und zwischen ihnen besteht ein enges persönliches Verhältnis.

Sunna: Handlungen und Aussprüche des Propheten

Sunniten: bilden die überwältigende Mehrheit der Muslime; vertreten nach ihrem eigenen Selbstverständnis die Orthodoxie in Glaubensfragen. Grundlagen sind neben dem Koran die Sunna, wie sie im Hadith festgehalten wird und die übereinstimmende Meinung der Gemeinschaft. Die Sunniten gehören vier unterschiedlichen Rechtsschulen an.

Sure: Benennung der Abschnitte, aus denen der Koran besteht

Tschador: Schwarzes Straßenkleid der muslimischen Frauen

Tschatalhöyük: jungsteinzeitliche Tellsiedlung im südlichen Zentralanatolien aus dem 7. und 6. Jh. v.Chr.

Turkmenen: Nomadenvolk in Anatolien (8. Jh.)

Yezidi: Name einer kurdischen Stammesgruppe und ihrer Religion

Yunus Emre: 1238/50-1320; erster Volksdichter in Anatolien

Zoroastrismus: alte iranische Bekenntnisreligion nach ihrem Stifter Zarathustra; auch Mazdaismus oder in Indien Parsismus genannt

- An-Nisa, c/o Karakaja, Königsberger Str. 36, 28816 Stuhr 2
- Huda-Netzwerk für muslimische Frauen e. V., Postf. 61 02 22, 28262 Bremen
- Huda-Netzwerk für muslimische Frauen e. V., Postf. 16 43, 76406 Rastadt
- Muslimische Frauengemeinschaft Bremen e.V., Kaiserslauterner Str. 12, 28325 Bremen
- Islamisches Zentrum München, Wallner Str. 1 – 6, 80939 München
- Islamisches Zentrum Aachen, Professor-Pirlet-Str. 20, 52074 Aachen
- Islamisches Zentrum Hamburg, Schöne Aussicht 36, 22085 Hamburg
- Haus des Islam, Schillerstr. 46, 64750 Lützelbach
- Deutsche Muslim-Liga, Islam-Institut Berlin, Pillnitzer Weg 24, 13593 Berlin
- Deutschsprachiger Muslimkreis Karlsruhe, Stephanistr. 21, 76133 Karlsruhe
- Islamische Frauengemeinschaft, Gaironisa Jacobs, Celler Str. 44a, 29614 Soltau
- Muslimische Frauenbeauftragte des ZMD, Ulrike Thoenes, Auf dem Kampe 39, 42279 Wuppertal
- Zentralrat der Muslime in Deutschland (ZMD), Vogelsanger Str. 290, 50825 Köln
- Deutschsprachige Islamische Frauengemeinschaft, DIF, Postfach 60 05 25,500733 Köln
- IPD-Institut für Internationale Pädagogik und Didaktik, Dollendorfer Str. 6,50939 Köln

Weiterführende Literatur

Akkent, Meral/Franger, Gabi (1987): Das Kopftuch - ein Stückchen Stoff in Geschichte und Gegenwart. Frankfurt/M.

Antes, Peter (1991): Der Islam: Religion, Ethik, Politik. Stuttgart; Berlin; Köln.

Auernheimer, Georg (1990): Einführung in die interkulturelle Erziehung. Darmstadt.

Biehl, Frauke (1996): Das Bild junger türkischer Migrantinnen im Spiegel der bundesdeutschen Forschung. Eine kritische Bestandsaufnahme zum Thema kulturelle und religiöse Identität. (unveröffentliche Diplomarbeit)

Broyles-González, Yolanda (1990): Türkische Frauen in der Bundesrepublik Deutschland. Die Macht der Repräsentation. In: Zeitschrift für Türkeistudien. 3. Jg. 1990, Heft 1, S. 107-134.

Frese, Hans-Ludwig/Hannemann, Tilman (1995): Wir sind ja keine Gäste mehr. Religiöse Einrichtungen Bremer Muslime. Bremen.

Göle, Nilüfer (1995): Republik und Schleier: Die muslimische Frau in der modernen Türkei. Berlin.

Gümen, Sedef (1993): Der westliche Diskurs aus einem kritischen Blickwinkel. Frauenbewegung in der Türkei - Immigrantenbewegung in der Bundesrepublik Deutschland. In: Informationsdienst zur Ausländerarbeit Nr. 4, S. 87-93.

Hall, Stuart (1994): Rassismus und kulturelle Identität. Hamburg.

Heitmeyer, Wilhelm (Hg.) (1997): Verlockender Fundamentalismus.

Islam im Abendland (1992): Sonderband 1 der Zeitschrift *Die Brücke,* Saarbrücken.

Kalpaka, Annita/Räthzel, Nora (Hg.) (1990): Ideologische Effekte emanzipatorischer Konzepte oder: Die vielen Seiten des Kopftuchs. In: Dies.: Die Schwierigkeit, nicht rassistisch zu sein.

Kehl-Brodogi, Krisztina (1993): Die »Wiederfindung« des Alevitentums in der Türkei. Geschichtsmythos und kollektive Identität. In: Orient, Jg. 34, Bd. 2, S. 267-282.

Kriechhammer-Yagmur, Sabine (1992): Zur Lebenssituation von Migrantinnen aus ausländerrechtlicher Sicht. In: M. Schulz (Hg.), S. 81-84.

Lueg, Andrea/Hippler, Jochen (1993): Feindbild Islam. Hamburg.

Lutz, Helma (1991): Welten verbinden. Türkische Sozialarbeiterinnen in den Niederlanden und in der Bundesrepublik Deutschland. Frankfurt/M.

Dies. (1993): Sind wir uns immer noch so fremd? Konstruktionen von Fremdheit in der weißen Frauenbewegung. In: Hügel, I. u. a. (Hg): Entfernte Verbindungen. Berlin, S.138-156.

Marty, Martin E. (1996): Herausforderung Fundamentalismus. Radikale Christen, Moslems und Juden im Kampf gegen die Moderne. Frankfurt/M.

Mernissi, Fatima (1993): Frauen im Wandel der islamischen Welt. Die vergessene Macht. Berlin.

Mihçiyazgan, Ursula (1990): Moscheen türkischer Muslime in Hamburg. Dokumentation zur Herausbildung religiöser Institutionen türkischer Migranten. Hamburg: Senator für Arbeit, Gesundheit und Soziales.

Dies. (1994): Die religiöse Praxis muslimischer Migranten. Ergebnisse einer empirischen Untersuchung in Hamburg. In: Lohmann, I./ Weiße, W. (Hg.): Dialog zwischen den Kulturen. Erziehungshistorische und religionspädagogische Gesichtspunkte. Münster/New York, S. 195-206.

Otyakmaz, Berrin Özlem (1995): Auf allen Stühlen. Das Selbstverständnis junger türkischer Migrantinnen in Deutschland. Köln.

Özelsel, Michaela Mihriban (1992): Frauen im Islam. Betrachtungen aus kulturanthropologischer Perspektive. In: Islam im Abendland, S. 79-91.

Pinn, Irmgard (1997): Von der exotischen Haremsschönheit zur obskuren Fundamentalistin. Frauen im Islam. In: Hafez, K. (Hg.): Der Islam und der Westen. Anstiftung zum Dialog, S.67-79.

Pinn, Irmgard/Wehner, Marlis (1995): EuroPhantasien. Die islamische Frau aus westlicher Sicht. Duisburg.

Pitzer - Reyel, Renate (1996): Gemäß den Bedingungen der Zeit. Religiöser Wandel bei Muslimen in der Türkei. Bremen.

Rotter, Gernot (Hg.) (1993): Die Welten des Islam. Neunundzwanzig Vorschläge, das Unvertraute zu verstehen. Frankfurt/M.

Schiffauer, Werner (1984): Religion und Identität. Eine Fallstudie zum Problem der Reislamisierung bei Arbeitsmigranten. In: Schweizerische Zeitschrift für Soziologie 10.

Ders. (1991): Die Migranten aus Subay. Türken in Deutschland. Eine Ethnographie. Stuttgart.

Schimmel, Annemarie (1990): Der Islam. Eine Einführung. Stuttgart.

Schulz, Marion (Hg) (1992): Fremde Frauen. Von der Gastarbeiterin zur Bürgerin. Frankfurt/M.

Waltar, Wiebke (1980): Die Frau im Islam. Leipzig.

Dies (1991): Die Frau im Islam. In: Antes, P.(Hg.), a. a. O., S. 98-124.

Zentrum für Türkeistudien (Hg.) (1995): Migration und Emanzipation. Türkische Frauen in Nordrhein-Westfalen. Opladen.